Konrad Görg   Wir sind, was wir erinnern

Konrad Görg

Wir sind, was wir erinnern

Zwei Generationen nach Auschwitz
Stimmen gegen das Vergessen

Vorwort von Erhard Roy Wiehn

Hartung-Gorre Verlag Konstanz

Titelbild: Deportationsmahnmal von Moshe Safdie in Yad Vashem Jerusalem (Foto Erhard Roy Wiehn). Gedruckt von "Sowa", Warszawa/Warschau, Polen.

Bibliographische Information der Deutschen Bibliothek
Die Deutsche Nationalbibliothek verzeichnet diese Publikation in der Deutschen Nationalbibliographie; detaillierte bibliographische Daten sind im Internet über <http://dnb.d-nb.de> abrufbar.

Erste Auflage 2008
Hartung-Gorre Verlag Konstanz
www.Hartung-Gorre.de
ISBN-10: 3-86628-208-7 ISBN-13: 978-3-86628-208-7

Meinem Freund Petr Abeles
und seinem Onkel Erwin Katz gewidmet

Inhalt

Vorwort

Stimmen gegen das Vergessen

Konrad Görg hat Recht, wenn er in seiner Einleitung schreibt, die deutschen Verbrechen an den europäischen Juden seien auch nach über 60 Jahren seit Kriegsende nicht aus unserer Gegenwart auszusperren, und "Hinter uns liegt eine Vergangenheit, die nicht vergehen will."
Diese deutsche Vergangenheit wie übrigens auch die der nicht-deutschen Kollaborateure im ganzen damaligen deutschbesetzten Europa wird nicht nur niemals vergehen und vergessen, vielmehr scheint sie manchmal sogar fast wieder gegenwärtig werden zu wollen oder zumindest ganz nahe an die Gegenwart heranzurücken. Und je weiter der zeitliche Abstand sich Tag für Tag und Jahr um Jahr ausdehnt, desto größer erscheint jedenfalls die Monstrosität der deutschen Verbrechen.

Immer wieder neu stellt sich daher die furchtbare Frage: Wie hat das geschehen können? Man wird sehen, wie kommende Generationen in Deutschland und nicht nur hierzulande diese Frage beantworten werden und welche Konsequenzen sie aus ihrer Antwort ziehen. Zur Zeit der "Endlösung der Judenfrage" lautete die tödliche deutsche Frage bekanntlich schlicht und einfach: "Jude?" Die neue und verbleibende diesbezügliche deutsche Frage lautet jetzt und inskünftig: Wie war die damalige deutsche Frage "Jude?" als tödliche Frage möglich?

"Wie kann und darf sich ein Nachgeborener der Tätergeneration, der sich nicht wissenschaftlich mit dem Holocaust beschäftigt hat, dem 'Abgrund der Geschichte' (Paul Valéry) nähern?", fragt Konrad Görg und antwortet: "Für mich persönlich war dies nur durch einen Chor der verschiedenen Stimmen möglich, die miteinander in einen Dialog treten wollen: historisch erklärend, um Versöhnung bittend und für die Zukunft hoffend." Daraus entstand die vorliegende umfangreiche Sammlung von Zitaten, zunächst nur für den privaten Gebrauch gedacht, in der Tat ein vielstimmiger Chor, der in vier zeitlichen Schnitten und in 16 thematischen Abschnitten vieles und auch viel Gewichtiges zur Sprache bringt und zwangsläufig sogar Passagen voller Vorurteile, Hass und Zynismus einschließt.
Diese Zitatensammlung ist gewiss eine herbe Kost und wohl nicht unbedingt von vorn nach hinten lesbar, aber zu anspruchsvollem Nachdenken und zur anregenden Meditation sicherlich gut geeignet. Die Zeittafel und das Literaturverzeichnis können einer weiterführenden Vertiefung dienen. Einleitung und Widmungstext spannen einen ebenso persönlichen wie thematischen Bezugsrahmen. Diese Anthologie zur Schoáh ist ein Lesebuch, das es in sich hat. Dahinter steht wie ein Wasserzeichen – spes contra spem – der Aufschrei des Gedenksteins von Treblinka: "Nie wieder!"

"So bleibt heute für uns Nachgeborene letztendlich nur die bekannte Forderung bestehen", heißt es in der Einleitung, "sich auch weiterhin der geschichtlichen Verantwortung zu stellen und eine kollektive Erinnerungskultur aufzubauen, die verlässlich und dauerhaft auch gleichzeitig eine 'Orientierungskultur' (Hans Erler) für die kommenden Generationen darstellt."
Dazu hat Konrad Görg mit seiner vorliegenden und dankenswerten Gedanken- und Ungedanken-Sammlung bestimmt einen originellen Beitrag geleistet, der nicht zuletzt auch zeigt, dass und wie die Nachkommen beider betroffenen Seiten durch die Vergangenheit für alle Zeiten untrennbar miteinander verbunden bleiben, was unbedingt immer mehr als Chance erkannt zu werden verdient. In diesem Sinn mag dann um so deutlicher werden, was es heißt: "Wir sind, was wir erinnern." Und was nicht.

Konstanz, am 30. April 2008 Erhard Roy Wiehn

Dr. Drs. h.c. Erhard Roy Wiehn, M.A.
Prof. (em.) im Fachbereich Geschichte und Soziologie der Universität Konstanz;
Veröffentlichungen vor allem zur Schoáh und Judaica.
Edition Shoáh & Judaica/Jewish Studies
http://www.uni-konstanz.de/soziologie/judaica

1. Einleitung

´Wenn die Beschäftigung mit Auschwitz nicht zutiefst verstört, immer wieder, zumindest immer mal wieder, dann ist etwas falsch daran.` (Bernd Ulrich)

Die deutschen Verbrechen an den europäischen Juden sind auch nach über 60 Jahren seit Kriegsende nicht aus unserer Gegenwart auszusperren. Hinter uns liegt eine Vergangenheit, die nicht vergehen will. Ob wir wollen oder nicht, im Schulunterricht, über Bücher und Internet, in Kino- und Fernsehfilmen sowie in Museen und Gedenkstätten werden wir mit den Geschehnissen der nationalsozialistischen Zeit konfrontiert und bisweilen auch heute noch von ihren Schrecken heimgesucht.

Jede nachfolgende Generation in Deutschland muss ihr Verhältnis zur eigenen leidvollen Geschichte und zur Schuld ihrer Väter neu erarbeiten. Dabei stellt sich immer wieder die gleiche Frage, wie der Holocaust, die Ermordung von über 6 Millionen europäischer Juden, geschehen konnte, insbesondere in einer so hochentwickelten Zivilisation und Kulturnation, wie es Deutschland war.

Bei einem Antwortversuch scheint es jedoch nicht gerechtfertigt zu sein, erst das Jahr 1933 mit der Wahl Hitlers zum Reichskanzler als den entscheidenden Ausgangspunkt für die unselige Entwicklung zu sehen. Die Machtübernahme durch die Nationalsozialisten traf das deutsche Volk ja nicht quasi schicksalhaft über Nacht. Eine Vielzahl spezifischer Entwicklungen in der deutschen Geschichte – oft zusammengefasst als deutscher Sonderweg – sind als Wegbereiter und Vorboten für die spätere Katastrophe zu nennen: lutherische Obrigkeitshörigkeit, preußische Pflicht- und Gehorsamstugenden, die Weltfremdheit des Deutschen Idealismus, die Irrationalität der Romantik mit ihrem Rückzug in die Innerlichkeit, eine ´Verjunkerung` (Konrad Jarausch) des liberalen Besitzbürgertums` in der Bismarck-Ära, die monarchisch-militaristische Regierungsverfassung unter Wilhelm II., der verlorene Erste Weltkrieg mit all seinen die junge Republik belastenden Konsequenzen und nicht zuletzt das mangelnde Demokratiebewusstsein in der deutschen Bevölkerung der Weimarer Zeit.

Vor allem jedoch muss die ´Grundsuppe des Übels` (Sebastian Franck) benannt werden: ein tief in der europäischen Geschichte wurzelnder religiöser, kultureller, in der Neuzeit zunehmend auch wirtschaftlicher Antisemitismus, der sich Mitte des 19. Jahrhunderts – im Zuge eines europaweit um sich greifenden pseudowissenschaftlichen biologistischen Denkens – besonders in Deutschland zum rassischen Antisemitismus auswuchs.

All dies kann möglicherweise erklären, warum es 1933 zu einer solch fatalen ´Verbrüderung zwischen den bürgerlichen Eliten und dem nationalsozialistischen Mob` (Hannah Arendt) kommen konnte. Die Folgen sind bekannt: ein rasanter Abbau demokratischer Institutionen, der den Boden bereitete für die weiteren nationalsozialistischen Radikalisierungsprozesse, an dessen Ende der Völkermord an den Juden stand.

Für unsere heutige Verständnissuche bei der Deutung des Holocausts mögen solche auf die Historie zurückgreifenden Interpretationsmuster hilfreich sein, problematisch werden sie jedoch dann, wenn damit eine Relativierung der individuellen und kollektiven deutschen Schuld und Verantwortung für die Untaten in Gang gesetzt wird.
Geschichtliche Entwicklung ist immer kontingent, d. h. zukunftsoffen, und es gab auch damals keinen historisch zwangsläufig vorgeschriebenen Weg in die Katastrophe. Aus diesem Grund sind auch jene Versuche gewisser deutscher Historiker, die Ursache des Krieges, die Zerstörung Deutschlands und die Ermordung der Juden ausschließlich mit tief ´in die deutsche Geschichte zurückreichenden Großdeutungen` (Rüdiger Safranski) zu erklären, untauglich. Sie suchen die Schuld nicht vornehmlich in den Taten des Naziregimes und der Folgsamkeit der Bevölkerung, sondern wie Hannah Arendt spöttisch bemerkte, ´in den Ereignissen, die zur Vertreibung von Adam und Eva aus dem Paradies geführt haben.`

Des Weiteren stellt sich die ebenfalls nicht vollständig zu beantwortende Frage, wie der ´Zivilisationsbruch` (Dan Diner) in der nationalsozialistischen Zeit, die schrittweise Demütigung, Entwertung und Ausgrenzung, die anschließenden Deportationen und die Ermordung der jüdischen Bürgerinnen und Bürger ohne wesentliche Gegenreaktionen von Seiten nahezu der gesamten übrigen deutschen Bevölkerung vonstatten gehen konnte (´Wegsehen und Schweigen`, Fritz Stern). Und schließlich ist zu fragen, welche Abwehrmechanismen nach dem Krieg wirkten, wieso Scham, Schuld und Reue angesichts der begangenen Verbrechen selten ein Bestandteil der individuellen Erinnerung unserer Eltern und Großeltern wurden.

So bleibt heute für uns Nachgeborene letztendlich nur die bekannte Forderung bestehen, sich auch weiterhin der geschichtlichen Verantwortung zu stellen und eine kollektive Erinnerungskultur aufzubauen, die verlässlich und dauerhaft auch gleichzeitig eine ´Orientierungskultur` (Hans Erler) für die kommenden Generationen darstellt.
Dies kann jedoch nur dann gelingen, wenn auch jüdische Erinnerung mit einfließt, damit nicht ´die Wahrheit nur noch eine Funktion der Nation` (Martin Buber) sei. Auch aus diesem Grunde kommen in dieser Veröffentlichung zahlreiche jüdische Stimmen zu Wort.

Dass ich dieses Buch als reine Sammlung gestaltet habe, liegt meines Erachtens in der Problematik des Themas begründet. Wie kann und darf sich ein Nachgeborener der Tätergeneration, der sich nicht wissenschaftlich mit dem Holocaust beschäftigt hat, dem ´Abgrund der Geschichte` (Paul Valéry) nähern? Für mich persönlich war dies nur durch einen Chor der verschiedensten Stimmen möglich, die miteinander in einen Dialog treten wollen: historisch erklärend, streitend, verzweifelt fragend, schreiend und anklagend, um Wahrheit ringend, um Versöhnung bittend und für die Zukunft hoffend.
Um sich das Ausmaß des Bösen zu vergegenwärtigen, mussten jedoch auch die in menschenverachtendem Hass, Vorurteil und Zynismus verhafteten Aussagen der Täter – auch wenn dies manchmal schwer fiel – mit einbezogen werden. Dieses methodische Vorgehen schien mir recht gut geeignet zu sein, mich einer solch unheilvollen Vergangenheit zu nähern, die letztlich nicht restlos erklärbar bleibt.

Die Einteilung des Buches in einzelne thematische Schwerpunkte sowie die einleitenden Überschriften zu einem Großteil der Zitate sollen der besseren Orientierung dienen. Dabei habe ich die Reihenfolge der Texte so ausgewählt, dass diese ohne Kommentierung für sich sprechen können. Wie kleine Mosaiksteinchen fügen sich auf diese Weise die einzelnen Gedanken noch deutlicher zu einem inneren Zusammenhang.
Dennoch bleibt das grundsätzliche Problem, dass aus ihrem ursprünglichen Kontext herausgelöste Aussagen niemals vollständig vor Fehlinterpretationen geschützt sind. Doch vielleicht regt das eine oder andere Wort den interessierten Leser dazu an, etwas tiefer zu gründen, womit ich auf das bibliographische Verzeichnis verweise.

Diese Sammlung war zunächst nur für den privaten Gebrauch gedacht. Dass daraus nun doch eine Veröffentlichung geworden ist, habe ich meinen drängenden Freunden zu verdanken.
Besonders danken möchte ich meinem langjährigen Freund Petr Abeles, mit dem ich über die vielen Jahre unserer Freundschaft in zahlreichen bisweilen auch kontroversen Gesprächen das vorliegende Thema aus einem oft gänzlich anderen Blickwinkel zu sehen gelernt habe.
Gewidmet sein soll dies Buch daher ihm und seinem Onkel Erwin Katz, der als kleiner 10-jähriger Junge – in Auschwitz am Abend des 20.Mai 1944 bei der Selektion von seinen drei älteren Schwestern getrennt – mit seinen Eltern noch in der gleichen Nacht vergast wurde.

Anmerkung:
Sämtliche im Text *kursiv* gehaltene Überschriften oder Einfügungen stammen, wenn nicht als Zitat eindeutig gekennzeichnet, vom Herausgeber.

2. Wer war Erwin Katz?

Die Wahrheit aushalten
Das Höchste, was man erreichen kann,
ist zu wissen und auszuhalten,
dass es so und nicht anders gewesen ist,
und dann zu sehen,
was sich daraus – für heute – ergibt.

Hannah Arendt

Es sind schon viele Jahre vergangen, seit ich einmal mit meinem alten Freund aus WG- und Studienzeiten Petr Abeles den Jüdischen Friedhof in Frankfurt besuchte. Dort, auf dem Grabstein seiner erst kürzlich verstorbenen Mutter Hilda Abeles, geb. Katz standen – damals für mich etwas verwirrend – nicht nur ihr Name, sondern auch die Namen ihrer Eltern Samuel und Gisela Katz (geb. Halpert) und ihres jüngeren Bruders Erwin, versehen mit einer zusätzlichen kleinen Inschrift:

In Erinnerung an die,
die kein Grab haben

Wer war dieser kleine Junge Erwin, der 1944 im Alter von zehn Jahren in Auschwitz starb?
Petr versprach mir, seine inzwischen 84-jährige alte Tante Jolana, die älteste Schwester von „Onkel Erwin", etwas genauer zu befragen; und sie erzählte von ihrem kleinen Bruder:

'Unsere Familie wohnte in Huklive, einem kleinen Straßendörfchen inmitten der waldreichen Karpaten-Ukraine. Diese Gegend lag im östlichsten Zipfel der nach dem Ersten Weltkrieg gegründeten Tschechoslowakei. Wir in unserem kleinen Dorf sprachen aber rusinisch, ukrainisch oder eben jiddisch.

Die Eltern besaßen damals einen kleinen an der Straße gelegenen Bauernhof. Das Wohnhaus unseres Hofes bestand aus einem Doppelhaus. In der anderen Hälfte des Hauses wohnte der Bruder meines Vaters. Mit diesem Onkel und seiner Familie verstanden wir uns sehr gut.
An Vieh hatten wir zwei Pferde, sechs Kühe, Hühner, Schafe und einen Hund. Zusätzlich gehörten uns einige Äcker und Wiesen, wo für den Eigenbedarf Getreide, Kartoffeln und Viehfutter angebaut wurde. In den langen Wintermonaten, wenn es auf den Feldern nichts zu tun gab, zog Vater oft mit seinen Pferden und einigen Männern aus der Nachbarschaft zum Holzschlagen in die umliegenden Wälder oder aber er verdingte sich für ein paar Wochen in einem der zahlreichen Sägewerke.

Als Erwin am 12. Dezember 1933 in diese ärmliche, aber doch Geborgenheit vermittelnde Welt hineingeboren wurde, war das ein großes Fest für die ganze Familie. Vater, der zufällig am gleichen Tag Geburtstag hatte, bekam nun endlich den ersehnten 'Stammhalter'. Nicht dass er uns drei ältere Schwestern Jolana, Hilda und Rela weniger mochte – die Eltern liebten uns über alles – aber Erwin war eben ein Junge, und er war Vaters ganzer Stolz.

Was soll ich über unseren Bruder, den kleinen blonden Wirbelwind mit seinen wachen blauen Augen erzählen? Er war lebhaft, aufgeweckt und in meiner Erinnerung eigentlich immer fröhlich. Und er mochte seine drei großen Schwestern wirklich sehr. Wenn um die Mittagszeit der Unterricht in unserer Einklassen-Dorfschule, die von einem netten tschechischen Lehrer aus Prag geleitet wurde, zu Ende ging, stand Klein-Erwin oft schon einige Zeit in der Wohnstube am Fenster und beobachtete gespannt die Dorfstraße. Sobald er die Schwestern dann erblickte, lief er uns eilig entgegen und erzählte wild gestikulierend, was er am Morgen Aufregendes erlebt hatte.
Für mich gab es keine schönere Begrüßung nach einem langen Schulvormittag. Noch heute sehe ich sein kleines vor Freude strahlendes Gesichtchen mit den weit aufgerissenen Augen vor mir.

Erwin hatte viele Freunde und Spielkameraden im Dorf. Besonders gerne jedoch war er mit seinen Vettern und Kusinen vom Nachbarhaus zusammen, den Kindern meines Onkels. Stundenlang konnten sie, die Zeit völlig vergessend, im Dorf und in der nahen Umgebung herumstromern.
Einmal – so erinnere ich mich – war große Aufregung in unserer Straße. Bei einem ihrer wilden Kinderspiele auf der Wiese hinter dem Haus fiel Erwin in die dortige Jauchegrube und wäre fast ertrunken, hätten ihn nicht die älteren Kameraden rechtzeitig aus der stinkenden Gülle herausgezogen.

Mit 6 Jahren kam dann auch dein Onkel in die Dorfschule. Wir Schwestern besuchten damals schon das Gymnasium in der 60 km von Huklive entfernten Bezirkshauptstadt Mukatschewo. Hier wohnten wir zur Miete bei Verwandten und sahen Erwin und die Eltern nur noch am Wochenende und in den Ferien.
Erwin muss ein recht guter Schüler gewesen sein. Unsere Mutter erzählte uns öfters, wenn wir nach Hause kamen, dass der Junge in der Woche wieder mal besonders freudig aus der Schule gekommen war und voller Stolz ein großes Hühnerei auf den Küchentisch gelegt hatte: ein Geschenk seiner Mitschüler, weil er ihnen erneut bei den Hausaufgaben geholfen hatte.

Von den großen bedrohlichen politischen Ereignissen bekamen wir Kinder kaum etwas mit. Nach der Zerschlagung der Tschechoslowakei zu Beginn des Zweiten Weltkrieges wurde unser Gebiet erneut ungarisch und wir mussten daher im Gymnasium in Mukatschewo eine uns völlig fremde Sprache erlernen.
Erst ziemlich spät, im März 1944, wurden wir Juden dann gezwungen den Stern zu tragen. Wie Erwin sich dabei gefühlt hatte, weiß ich nicht.

Wir Älteren fanden diese Stigmatisierung durch den Stern sehr demütigend und auch erschreckend, denn richtige Judenfeindlichkeit hatte es in unserer Gegend bislang eigentlich nicht gegeben.

Und dann ging alles plötzlich furchtbar schnell:
Am Morgen des 18. April 1944 kamen sie: eine brutale Horde ungarischer Polizisten, bewaffnet mit Schlagstöcken und Maschinengewehren. Den Juden des Dorfes wurde nur noch eine halbe Stunde Zeit gewährt, das Nötigste zusammenzupacken. Für uns Kinder und Jugendliche war dies ein heftiger Schock. Wir hätten so etwas Schlimmes niemals erwartet.

Dein Großvater jedoch musste die ganze Entwicklung geahnt haben. Denn als ich nach dem Krieg unser Dorf noch einmal besuchte, – in der leider vergeblichen Hoffnung, noch irgendwelche Verwandte zu finden –, kam mir plötzlich ein ehemaliger Nachbar, ein alter rusinischer Freund meines Vaters entgegen. Freudig, aber mit Tränen in den Augen, kniete er vor mir nieder und bat mich inständig um Verzeihung.
Ich erfuhr dann, dass Vater ihn wenige Tage vor unserer Verhaftung verzweifelt gebeten hatte, doch bitte wegen der drohenden Gefahr für uns Juden den kleinen Erwin bei sich aufzunehmen und zu verstecken. Er, der Freund und Nachbar habe ihm diese Hilfe damals verweigert. Dafür schäme er sich heute sehr.

Nach hektischem Packen wurden wir Juden also an diesem 18. April zunächst auf der Dorfstraße zusammengetrieben. Als die Polizisten auch noch unser Vieh aus den Ställen holten, ahnte ich, dass dies ein endgültiger Abschied sein würde. Mit den Tieren zusammen traten wir dann den Weg zum 7 km entfernten Güterbahnhof nach Volovec an. Erwin war bei diesem Marsch sehr still. Sichtlich eingeschüchtert, auf dem Rücken einen kleinen Rucksack tragend, lief er den ganzen Weg ängstlich an der Hand der Mutter.
Von Volovec aus ging es anschließend mit dem Zug in das jüdische Ghetto von Mukatschewo. Dort blieben wir vier Wochen.

Am Abend des 18. Mai 1944 wurden schließlich alle Juden des Ghettos nach Auschwitz deportiert. Auf engstem Raum in alten Viehwaggons eingezwängt ergriff uns ein Gefühl von Ausweglosigkeit. Eine nicht fassbare dumpfe Angst stieg in uns auf. Wohin würde diese Reise wirklich gehen? Was würde uns dort erwarten? Mich ließ der düstere Gedanke nicht los, dass es für uns alle kein Zurück mehr geben könnte.
Wir Schwestern rückten ganz eng zusammen und fingen irgendwann an zu singen – wohl um diese schrecklichen Gedanken zu verscheuchen. Und so erklangen an diesem traurigen Ort all die vielen schönen Lieder aus der Kindheit, gesungen in den unterschiedlichsten Sprachen unserer Heimat.
Erwin blieb die ganze Zeit schweigend neben der Mutter sitzen. Zu Hause, wenn wir uns in den warmen Sommernächten auf der Steintreppe vor dem Hof die Zeit mit Liedersingen vertrieben hatten, wollte er immer gerne mitkrähen.

Doch hier musste er unsere eigentliche Stimmung wohl gespürt haben, denn nach einer Weile fing er plötzlich laut an zu weinen und bat uns, dass wir mit dem Singen aufhören sollten. Die Lieder würden ihn so traurig machen und er bekäme noch größere Angst.
Noch lange nach unserem Verstummen hörten wir Erwin im Schoß der Mutter leise vor sich hin wimmern, bis er endlich tief in der Nacht vor Erschöpfung einschlief.

Diese Zugfahrt nach Auschwitz war das Fürchterlichste, was man sich vorstellen kann. Wie Vieh aufs Engste zusammengepfercht, hockten wir dort ohne Brot und Wasser auf dem kahlen Holzboden. Tagsüber kam nur wenig Licht durch die schmalen Ritzen des Bretterverschlags unseres Wagens. Als Toilettenersatz stand in der Ecke des Wagens ein alter Blecheimer. Dieser Zustand war für uns Schwestern so beschämend und erniedrigend!

Nach zwei Tagen und zwei Nächten ununterbrochenen Eingeschlossenseins erreichten wir dann spät abends am 20. Mai 1944 Auschwitz.
Die Lokomotive pfiff zweimal kurz vor dem Bahnhof als Zeichen für die SS-Lagerschergen, dass „Arbeit" auf sie zukam. Wir wurden aus unseren Waggons herausgetrieben und mussten uns alle in einer Schlange aufstellen. Sich gegenseitig an den Händen anzufassen, war uns strengstens verboten. Ein beißender, uns damals noch unbekannter Geruch lag in der Luft.
Auf der Rampe wartete schon – den Namen erfuhr ich später – Dr. Mengele ...
Bei der Selektion trennte er uns zwei große Schwestern von dem Rest der Familie. Ich gab Erwin daraufhin noch schnell das letzte kleine Stück meines Brotes, musste aber schnell weitergehen. Wir standen schon im Rücken von Mengele, und ich weiß nicht warum, vielleicht weil wir drei Schwestern bisher immer alles gemeinsam durchgestanden hatten: Einem plötzlichen Impuls folgend zog ich, unbemerkt von allen Wachsoldaten, noch schnell Rela, die jüngste Schwester, auf unsere Seite.
Erwin und die Eltern sahen wir nie wieder.

In den nächsten Wochen wurden wir Schwestern in ein Sonderkommando zur Sortierung der Wäsche eingeteilt. Unsere Aufgabe bestand darin, die riesigen Berge von Kleidungsstücke all der ermordeten Menschen zu sichten, zu ordnen und die noch verwendbaren auszusortieren. Insbesondere mussten wir von den vielen Jacken und Mänteln die Judensterne entfernen.
Eines Tages nun sah deine Mutter Hilda in einem dieser zahlreichen Wäschehaufen zufällig das kleine Hemdchen von Erwin. Sie erkannte es sofort an einem nicht sehr großen, aber auffälligen gestickten Muster. Da wurde uns zur schrecklichen Gewissheit, dass auch unser Bruder nicht mehr lebte. Insgeheim hatten wir die ganze Zeit gehofft, dass die Deutschen ihn vielleicht verschont hätten, weil sein Haar doch so auffallend hell war und er blaue Augen hatte.
Später erfuhren wir von älteren KZ-Mithäftlingen, dass Erwin und die Eltern noch in der Ankunftsnacht vergast worden waren.`

Inzwischen sind viele Jahre vergangen. Es gibt kaum noch Nachkommen der Familie Katz, die sich an das traurige Schicksal des kleinen Erwin und seiner Eltern erinnern könnten. Auch das Grab mit der oben erwähnten Inschrift existiert so nicht mehr. Auf diesen Sachverhalt hin angesprochen meinte mein Freund Petr: ´Meine Tante hat mir diese Geschichte erzählt und ich erzähle sie dir weiter.`
Damit bin ich unversehens ein Glied in der Kette des Erinnerns geworden und ich habe die Geschichte von Erwin Katz meinen Kindern und Freunden weitererzählt und nun wissen auch Sie davon.
„So entreißen wir gemeinsam die Namenlosen der Anonymität, hemmen die Gefahr, dass sich, etwas pathetisch ausgedrückt, über sie der Mantel der Geschichte und des Vergessens senkt. Diese Form jüdischen Gedenkens provoziert eine in die Zukunft gerichtete Aufgabe. So hat die Erinnerung für den sich Erinnernden auch etwas Tröstliches." (Günter B. Ginzel)

Das einzige erhaltene Bild der Familie Katz aus Huklive

Gisela und Samuel Katz

Erwin, Jolana und Hilda Katz

Rela Katz

3. Warum erinnern?

Wo lässt sich das Sensorium für neue Gefahren gewinnen,
wenn nicht in der Erinnerung.

Moshe Zuckermann

Unsere erinnerungskulturelle Situation zum Holocaust
kann nur mit einem Paradox beschrieben werden:
´Wir haben nicht die Wahl, diese Erinnerung auszuschlagen,
und müssen uns doch frei für sie entscheiden.`

Aleida Assmann

Die Juden und so viele andere,
können Auschwitz nicht vergessen.
Aber die Deutschen
– dürfen Auschwitz nicht vergessen.

Albert Friedländer

„Zwischen uns und Weimar liegt Buchenwald“
Humanität und Bestialität sind deutsche Nachbarn.
Die moralische Topographie Deutschlands
ist für immer dadurch gezeichnet, dass das KZ Buchenwald
in der Nähe zu Weimar errichtet worden ist.

nach Richard Alewyn

Wer meint,
mehr als 50 Jahre nach Kriegsende und totalem Zusammenbruch
sei die Zeit der erinnernden Selbsterforschung vorbei,
täuscht sich meines Erachtens sehr.
Im Gegenteil:
Vorbei ist nur die Zeit des schamvollen Schweigens
wie des reuelosen Verschweigens, des schonenden Beschweigens
wie des Vergessenwollens in der unmittelbaren Nachkriegszeit.

Hubert Markl

Der Holocaust
ist die ungeschriebene Verfassung
der Bundesrepublik Deutschland.

Dan Diner

4. Antisemitismus in Deutschland vor 1933

'Wir und die Anderen`: der anthropologische Bodensatz des Antisemitismus

Es ist absolut möglich,
dass Menschen die schönste moralische Sensibilität
im Verhältnis zu 'Ihresgleichen`
mit einer extremen Unmenschlichkeit
gegenüber jenen Menschen kombinieren,
die sie irgendwie gegenüber sich selbst oder ihrer Gruppe
als 'Fremde` ansehen.

nach John L. Mackie

Christlicher Antisemitismus: z. B. Martin Luther

Ein solch verzweifeltes durchböstes,
durchgiftetes, durchteufeltes Ding
ist's um diese Juden,
so diese 1400 Jahre unsere Plage, Pestilenz
und alles Unglück gewesen sind und noch sind.
Summa, wir haben rechte Teufel an ihnen.

Martin Luther, 1543

Über die Jahrhunderte hinweg: christlich ansozialisierte Vorurteils-'Instinkte`

Der Antisemitismus wird zumeist in den Jahren frühester Kindheit gesät.
Das Kind liebt sein Christuskind, seinen Heiland;
angesichts einer Darstellung des gekreuzigten Heilands fragt es die Mutter,
wer denn diese grässliche Schandtat am geliebten Heiland verbrochen hat.
‚Die Juden.'
Hass und Abscheu gegen die Juden senken sich in die Kindesseele.
Es vergehen Jahre, das verschollene Erlebnis wandelt sich
in einen künstlichen Instinkt.

Richard Graf Coudenhove-Kalergie

Ein Beispiel hierfür

Karl Barth, ein mutiger konservativer Regimegegner,
musste „in der persönlichen Begegnung mit …
Juden und 'Judenchristen`
immer so etwas wie eine
völlig irrationale Aversion herunterschlucken."

Ekkehard Klausa

(der bekannte Schweitzer Theologe Karl Barth setzte diesem Geständnis,
das er 1967 machte, ein „Pfui" hinzu)

Der politisch-kulturelle Antisemitismus konservativer Kreise

Ein sehr wichtiges konservatives Motiv zur Abgrenzung von den Juden
war im Kaiserreich und in der Weimarer Zeit
die als ´typisch` wahrgenommene Tendenz
der politisch und kulturell aktiven Juden.
Man sprach vom „zersetzenden jüdischen Intellektualismus"
und dachte an die spitzen Federn von Heine und Tucholsky ...
Die traditionskritische Position der jüdischen Intelligenz
fand ihr Gegenstück in der judenkritischen Position der Traditionalisten ...
Zum Vorurteil ist die politisch-kulturelle Ablehnung allerdings
erst dann geworden, als kontrafaktisch jeder Jude kraft Abstammung
der bekämpften politisch-kulturellen Tendenz zugerechnet wurde.
Die politische Frontstellung ... wurde gewissermaßen anthropologisiert ...
Antisemitische Stereotype waren damals zur Chiffre
des konservativen Antimodernismus und Antidemokratismus geworden ...
Dieser Antisemitismus der konservativen Eliten
schwächte ihre Wahrnehmung der Staatsverbrechen
gegen die Juden von 1933 bis 1938 oder, noch schlimmer,
machte sie gleichgültig gegenüber diesem Leid. Anders gesagt:
Der deutsche konservative Antisemit dachte nicht unbedingt
inhumaner oder radikaler als der französische oder amerikanische.
Diese waren aber durch die liberal-demokratischen Sicherungen
ihrer Staaten davor geschützt, dass ihre Verwünschungen
– alle die Übel, die sie den Juden an den Hals wünschten – Realität wurden
und sie dafür zumindest moralisch Mitverantwortung tragen müssen ...
Die verbreitete feindselige Gleichgültigkeit war ... das trübe Wasser,
in dem der rassische Vernichtungs-Antisemitismus ungehindert
und zum Teil unerkannt schwimmen konnte wie ein Haifisch.
Dieses Klima verhinderte die öffentliche Kritik an der Judenverfolgung
und das politisch sehr wichtige halböffentliche Murren.
Kritik und Murren haben dem Regime
bei den Euthanasie-Morden durchaus zu schaffen gemacht.
Aber der mutige Bischof Galen
(„Nach dem Krieg werde ich den Galen in Münster
an einem Laternenpfahl aufhängen lassen", Adolf Hitler)
und die vielen, die seine Predigten gegen die Krankenmorde verbreiteten,
schienen sich für die Juden nicht zuständig zu fühlen ...
Insofern war auch der „leichte" Antisemitismus weiter konservativer Kreise
in seiner Wirkung viel schlimmer als in seinen Motiven.

Ekkehard Klausa

Die Juden und das Geld: wirtschaftlicher Antisemitismus im Kaiserreich
Es war der Ruhm der neuesten Geschichte,
dass die Eigenart des Volkstums sich überall stark und bewusst ausbildete,
dass nationale und völkische Gegensätze allmählich gewichtiger wurden
als die Gegensätze der politischen, der ständischen,
der kirchlichen Parteiungen ... In dieser gesunden, natürlichen Entwicklung
trat nun plötzlich ein unheilvoller Rückschlag ein.
Die Börsenmacher aller Kulturländer begannen sich in der Stille
über das gemeinsame Geldinteresse zu verständigen,
und die neue Politik des Großkapitals fand ihre natürliche Stütze
an dem vaterlandslosen Judentum.

Heinrich von Treitschke

Rassischer Antisemitismus auch im christlich konservativen Bürgertum
(Nach dem Ende des Ersten Weltkrieges waren an den preußischen Schulen
sogenannte „Schülerversammlungen“ vorgesehen,
Vorformen unserer heutigen Schülervertretungen.
Dazu 1920 Otto Dibelius, damaliger Schulreferent
der Deutschen Evangelischen Kirche und nach dem 2. Weltkrieg
langjähriger angesehener Bischof der Berliner Landeskirche:)
Sie (die deutsche Jugend) fühlt mehr als sie es sieht, dass durch jene Verfügung
etwas von dem Gifthauch der Revolution hindurchweht ...“
Daher „müssen Schülerversammlungen
zur Nachäffung politischer Versammlungen werden,
müssen sie den Typus des russisch-jüdischen Studenten züchten
mit seinem Debattierbedürfnis, seinem Selbstbewusstsein
und seinem Mangel an Gemüt. Es ist kein Zufall, dass an Anstalten
mit einem starken jüdischen Element unter den Schülern
sich dieses sofort der Führung in den Schülerversammlungen bemächtigt.
Die Frühreife, die Beweglichkeit
und der zersetzende Geist der jüdischen Rasse
findet hier ein dankbares Feld der Betätigung.
Der deutsche Schüler, gründlicher, schwerfälliger,
mehr auf die Sache als auf die Form gerichtet,
fühlt sich von diesem Treiben abgestoßen.
Ihn verlangt es nicht in erster Linie nach Kritik.
Er will vertrauen können.
Er will in seinem Lehrer nicht zuerst den Kameraden,
sondern den Führer sehen, zu dem er sich emporstrecken kann.

Otto Dibelius, 1920

(Dibelius war seit 1935 Mitglied der Bekennenden Kirche. Er wusste vom Massenmord
an den polnischen Juden, sprach sich aber nicht dagegen aus und bevorzugte es,
in dieser Frage innerhalb des von der Kirche dafür vorgesehenen Rahmens zu verbleiben)

Auch die Kirche war der Rassenideologie verfallen

Es gilt hier der Grundsatz,
dass die Treue gegen das eigene Volk eine ernsthafte Christenpflicht ist.
Es liegt etwas durchaus Berechtigtes
in der Forderung nach Reinhaltung des Blutes.
So wenig wir Mischehen etwa mit naturalisierten Slawen gutheißen können,
so wenig können wir Mischehen
zwischen Deutsch-Stämmigen mit Juden billigen …
Gott hat jedem Volk seine völkische Eigenart
und seine rassischen Besonderheiten doch nicht dazu gegeben,
damit es seine völkische Prägung
in rassisch unterwertige Mischlingsbildungen auflösen lässt ...
Darum können wir uns mit den völkischen Idealen
weithin einverstanden erklären.

Hans Meiser, 1926

(Meiser war im Jahr 1926 Leiter des Predigerseminars der Evangelisch-Lutherischen Kirche in Bayern und bildete dort angehende evangelische Pfarrer aus. 1928 wurde er zum Oberkirchenrat und 1933 zum ersten Bischof dieser Kirche ernannt. Auch nach Ende des Krieges blieb Meiser bis 1955 als Landesbischof in seinem Amt)

´Rassenkunde` oder ´Woran man den Juden erkennt`

Im Schuljahr 1934
bekamen wir einen neuen Lehrer und ein neues Fach: Rassenkunde.
In der ersten Stunde sprach er im Allgemeinen über die edle Rasse
und über die reinrassige deutsche Frau.
Nun wollte er auch noch seine Worte anschaulicher machen.
Sein Blick war auf mich gerichtet. Er suchte meinen Namen im Klassenspiegel
und sagte: „Lore, komm bitte heraus."
Er begann an mir die besonderen körperlichen Kennzeichen zu beschreiben,
die mich zur idealen arischen Frauengestalt machten.
Die Klasse saß da mit gesenktem Haupt und in Totenstille.
Als er mir als Zeichen der Anerkennung die Hand drückte,
fand ich den Mut, es auszusprechen: „Tut mir leid, ich bin jüdisch."
Da brach die Klasse in Gelächter aus …
Nach der Stunde sprachen viele Mädchen mit mir, und ich sagte:
„Nun seht ihr selber, welche verworrenen Bilder man von Juden hat."

Lore Hermann

(geb. Ferber, sie wanderte 1938 nach Palästina aus
und lebt heute im Kibbuz Dafna im Oberen Galiläa/Israel)

Was ist das Andere,
auf das ihr Steine werft?

Nelly Sachs

5. Ausgrenzung, Deportation, Ermordung

Nach Hitlers Wahl zum Reichskanzler
Es werden unter uns nur wenige sein,
die sich dieser Wendung nicht von ganzem Herzen freuen.

Otto Dibelius, ev. Generalsuperintendent, 8.3.1933

'Kauft nicht bei Juden!`
Der Boykott am 1.April und das fernere Vorgehen gegen die Juden
hat in manchen christlichen Kreisen eine Gewissensnot verursacht,
mit der sie nicht fertig werden können.
Diese Not mag davon herrühren …, dass sie überhaupt kaum noch etwas
von den schweren Gefahren aller Art wussten,
die unserem Volk von jüdischer Seite drohen ...
Sich mit allen brauchbaren Mitteln zu erwehren,
war das gute Recht des deutschen Volkes.
Dabei mitzuhelfen war die Pflicht auch des Christen ...
Wer sein Volk in der Gefahr im Stich lässt, der ist nicht nur ein Feigling,
sondern er vergeht sich gegen Gottes Willen! ...
Volksfremdes, weltbürgerliches Denken ist nicht christlich,
weil es die Schöpfungsordnung verleugnet ...

Stuttgarter Evangelisches Sonntagsblatt, 18.6.1933

Am deutschen Wesen soll die Welt genesen
Der Boykott gegen die Juden sei "in Ruhe und Ordnung" verlaufen.
Die Kirche "kann und darf den Staat nicht daran hindern,
mit harten Maßnahmen Ordnung zu schaffen ...
Sie werden es erleben, dass das,
was jetzt in Deutschland vor sich geht,
zu einem Ziele führen wird,
für das jeder dankbar sein kann,
der deutsches Wesen liebt und ehrt."

Otto Dibelius
(Rede über Kurzwelle am 4.4.1933,
die Rede ist vor allem an die Protestanten in den USA gerichtet)

Niemals
tut man so vollständig und ruhig das Böse,
als wenn man es mit religiösem Gewissen tut.

Blaise Pascal

Der Doktor und seine jüdische Frau
Eines Tages kam der Gutsherr
wegen einer unbedeutenden Verletzung in die Sprechstunde ...
Beiläufig nur wolle er dem Doktor, als Freund dem Freunde, erklären,
dass er und seine Frau vorläufig
leider den Verkehr mit der Doktorfamilie abbrechen müssten.
„Sie verstehen mich, lieber Doktor,
es ist eine rein formelle Sache, und es tut unserer tiefen Verehrung
für Sie und Ihre Frau Gemahlin keinerlei Abbruch.
Aber in meiner exponierten Stellung kann ich es mir einfach nicht leisten ...“
Der Doktor verstand und geleitete den Gutsherrn
mit höflicher Verbeugung zur Tür.
... Und nach einem halben Jahr kam der Pfarrer und erklärte,
dass er von der Parteistelle nun das dritte Mal verwarnt worden sei
und die schönen Plauderstunden im Doktorhaus
leider ein Ende nehmen müssten ...
Und der Doktor geleitete höflich den Gast zur Tür.
Sie waren nun sehr allein.

Lotte Paepcke

Inzwischen
sind wir nun besternt worden.

Esther Cohn, 1926-1944

„Wenn das Herz sich vor Empörung zusammenzieht“ (Armin T. Wegner)
In einem kleinen Dorf in Deutschland
wurde in der Nacht vom 9. zum 10. November 1938,
als auch seine kleine Synagoge in Flammen stand, herzlich gelacht.
Denn die Juden versuchten, die Torarollen verzweifelt zu retten.
Sie drangen in das brennende Gebäude ein.
Als dann einige jüdische Männer
mit den Torarollen im Arm aus dem Gotteshaus kamen,
gab der Kommandant der Freiwilligen Feuerwehr den Befehl „Wasser marsch“.
So hat die Feuerwehr nicht das Feuer gelöscht,
sondern die Juden nass gespritzt. Genauer:
mit dem harten Strahl aus der Spritze wurden sie zu Fall gebracht.
Bereits auf dem Boden liegend, hielten die Wehrmänner weiter drauf.
So rollten sie mitsamt der Torarollen, vom Wasserstrahl getrieben,
über die Dorfstraße.
Und die Menschen, die zuschauten, fanden das lustig. Sie haben sehr gelacht.
Das erzählten mir die Alten und schämten sich.

Günter B. Ginzel
(aus einem Gespräch mit Zeitzeugen aus der Nazi-Zeit)

Reichspogromnacht
Wenn diese Steine brennen,
dann brennen auch bald Menschen.

Lea Behar
(am Morgen des 10. November 1938, als sie aus dem Fenster ihrer Berliner Wohnung
auf die Flammen schaute, die aus der gegenüberliegenden Synagoge schlugen)

Jener Raum, in dem man töten kann
In der Weise eines öffentlichen Erniedrigungsrituals
verwandelte der Novemberpogrom die deutschen Juden
in schutzlose Menschenleiber
(in "homines sacri", wie Giorgio Agamben sie im Rückgriff
auf eine altrömische Rechtsformel genannt hat)
und öffnete damit jenen Raum,
"in dem man töten kann, ohne einen Mord zu begehen".
Es ist dieser Zivilisationsbruch der tödlichen Ausschließung,
der den Blick auf den Pogrom zu einem Fenster macht
für eine geschärfte Wahrnehmung des Holocaust.

Franz Maciejewski

Die Folgen: auf der Rampe in Auschwitz
Der Transport, den ich sah, bestand aus polnischen Juden.
Sie hatten tagelang kein Wasser bekommen.
Als die Türen der Güterwagen geöffnet wurden,
erhielten wir den Befehl, sie mit lautem Geschrei herauszujagen.
Sie waren völlig erschöpft,
und ungefähr Hundert waren während der Reise gestorben.
Die Überlebenden mussten in fünf Gliedern antreten.
Unsere Tätigkeit bestand darin,
die Leichen, die Sterbenden und das Gepäck aus den Wagen herauszuholen.
Die Leichen (und zu diesen wurde ein jeder gerechnet,
der nicht mehr aufrecht stehen konnte)
wurden in einem Haufen aufgeschichtet.
Gepäckstücke und Pakete wurden gesammelt und gestapelt.
Dann mussten die Eisenbahnwaggons gründlich gesäubert werden,
sodass keine Spur ihrer schrecklichen Ladung mehr sichtbar war.

Bericht eines Häftlings in Auschwitz

Wir waren doch tote Menschen.

Henryk Mandelbaum

Feuerregen Tag und Nacht
Am 21. Oktober 1944 konnte uns nichts mehr helfen.
Wir kamen nach Auschwitz.
Dicht gedrängt und halb erstickt fuhren wir in geschlossenen Waggons.
Alle verabschiedeten sich voneinander,
denn wir wussten, dass dort die Öfen auf uns warteten.
Obwohl wir oft darüber sprachen,
konnte sich niemand recht vorstellen, wie es sein würde.
Als wir abends in Auschwitz ankamen, trieb man uns nach Birkenau.
Schon von weitem sahen wir den Himmel rot wie bei einem Brand.
Dass Menschen so brennen sollten, konnten wir uns alle nicht vorstellen,
obwohl wir schon viel erlebt hatten.
Aus den Schornsteinen kam kein Rauch, nur Feuerregen.
Die Leute fragten die Posten, was dort brenne,
und sie antworteten, es müsse dort Brot gebacken werden.
Tag und Nacht.
Aber wir wussten, dass das nicht sein konnte.

Gize Landau

Todesfabrik
In Treblinka, Majdanek und Auschwitz
fanden die in die Gaskammern getriebenen Opfer, die
– wenn die Türen geschlossen wurden –
nur noch drei Minuten zu leben hatten,
die Zeit und die Kraft, mit den Fingernägeln die Worte
„Vergesst nie!“ in die Mauern zu ritzen.

Samuel Pisar

Spurensuche
Feuer suchst du?
Du findest es
in der Asche.

Rabbi Mosche Löb von Sasow
(aus einer chassidischen Geschichte, gesammelt von Martin Buber)

Der größte Friedhof der Menschheit
7 Tonnen Haare liegen da,
einfach so ...
und es ist nicht der Rost,
der die Gleise färbt ...

Unbekannt

Wo nehme ich noch all die Kräfte her:
ins Feuer geh`n,
um Gott von dort zu segnen?

Dowid Einhorn

Wo ist Gott?
Man kann es nicht erzählen,
aber man darf es auch nicht verschweigen.

Die SS erhängte zwei jüdische Männer und einen Jungen
vor der versammelten Lagermannschaft.
Die Männer starben rasch,
der Todeskampf des Jungen dauerte eine halbe Stunde.
´Wo ist Gott? Wo ist er?`
fragte einer hinter mir.
Als nach langer Zeit der Junge sich immer noch am Strick quälte,
hörte ich den Mann wieder rufen:
´Wo ist Gott jetzt?` –
... und ich hörte eine Stimme in mir antworten:
´Hier ist er!
Er hängt dort am Galgen.`

Elie Wiesel

In jedem ermordeten Kind
wird Gott gekreuzigt.

Jizchak Katzenelson

Das Ende aller Zivilisation
Das Lager ist für mich die Dunkelheit,
nichts, sogar noch weniger ...
Als historische Erfahrung unseres Jahrhunderts
war das Lager das Ende der Zivilisation, vielleicht sogar noch mehr.
Denn im eschatologischen Sinn
musste es das Ende aller Zivilisationen bezeichnen
mithin auch das Ende des Menschseins,
das Ende der Welt,
das Ende von allem.

Andrzej Szipiorski

„Der Tod ist ein Meister aus Deutschland" (Paul Celan)
Auschwitz war die Hölle.
Die Hölle.
Eine Todesfabrik.
Wenn du nicht vergast wurdest,
wurdest du zu Tode geschunden.
Wurdest du nicht zu Tode geschunden,
bist du verhungert.
Bist du nicht verhungert,
hat dich eine Krankheit dahingerafft.

Jerzy Afanasjew
(Auschwitzhäftling, der die Experimente des KZ-Arztes Josef Mengele überlebte)

Vielleicht weinen die Bäume
Ich gehe durch Auschwitz und begreife nichts,
gar nichts.
Das Grün übertönt
die lautlosen Schreie des Todes.
Der klare Himmel
hat den Rauch aus den Krematorien erstickt.
Das schillernde Wasser der Seen
hat die Asche der Ermordeten überflutet.
Vögel singen ...
... vielleicht weinen die Bäume.
Ich gehe durch Auschwitz und begreife nichts.

Annette Kuppler

Was sind das für Zeiten, wo
ein Gespräch über Bäume
fast ein Verbrechen ist,
weil es ein Schweigen über so viele
Untaten einschließt!

Bertolt Brecht
(An die Nachgeborenen)

Die Erinnerung dem Gedächtnis Gottes übereignen
Die volle uneingeschränkte Wahrheit
kennen nur jene,
die in den Gaskammern gestorben sind.

Imre Kertész

6. Die wenigen Überlebenden

„Warum habt ihr mir das angetan?“
Oft können wir nicht schlafen.
Immer noch hören wir Viehwagen aus Bahnhöfen abfahren
und angsterfüllte Stimmen geliebter Menschen.
Immer noch riechen wir den Gestank des Rauchs
aus den Schornsteinen der Krematorien.
Bilder von Leichen verfolgen uns in unseren Erinnerungen.

Überlebende des Holocaust

Wie oft muss ich sterben dafür,
dass ich dort nicht gestorben bin?

Erich Fried

„Ich bin mein Erinnern“ (Augustinus)
Denn ich kann nicht denken,
ohne mich zu erinnern,
denn ich kann nicht wollen,
ohne mich zu erinnern.

Erich Fried

Wie weiterleben?
Ich erzähle die Geschichte.
Immer wieder erzähle ich sie. Seit 60 Jahren.
Was soll ich denn tun? Ich lebe doch.
Und die anderen sind tot.

Henryk Mandelbaum

Die Stimme jener Menschen sein, die nicht mehr reden können
Erinnern: eine besondere Form der Liebe,
eine Liebe zu denen,
die ihr Unglück stimmlos gemacht hat.

Manès Sperber

Menschen erleiden einen zweiten
und endgültigen Tod,
wenn sie aus dem Gedächtnis der Lebenden verschwinden.

Hans Jonas

Empörung
Letztlich werde ich niemals aufhören,
mich gegen diejenigen zu empören,
die Auschwitz geschaffen oder zugelassen haben.
Gott eingeschlossen?
Auch gegen Ihn werde ich mich immer empören.
Die Fragen, die ich mir früher zum Schweigen Gottes gestellt habe,
sind offen geblieben.
Wenn es eine Antwort gibt, so weiß ich sie nicht.
Und ich will sie auch nicht wissen.
Für mich steht fest,
dass der Tod von 6 Millionen Menschen eine Frage aufwirft,
die niemals eine Antwort finden kann.

Elie Wiesel

Wie über Auschwitz sprechen?
Wenn du von Auschwitz sprichst, dann vermeide Feierlichkeit.
Der feierliche Tonfall ziemt sich nicht, er ist noch zu human,
er könnte noch so klingen,
als wenn es irgendwo doch noch eine Möglichkeit
von Sinn oder Versöhnung gebe – und diese Möglichkeit offen zu lassen,
das wäre eine tödliche Entwürdigung des Monströsen,
das sich abgespielt hat.
Sprich nicht von „Toten", noch nicht einmal von „Ermordeten".
Beides wäre Hohn. Getötet wurde niemand.
Und ermordet worden ebenfalls niemand.
Wie tief dich das auch erschrecken mag,
wie schwer dir das auch fallen mag,
die einzig angemessene, die einzig wahre,
die einzig der Millionen Entwürdigten würdige Rede ist die zynische.
Zu sprechen hast du also von dem Material, das,
der Maschine zur Verarbeitung zugeliefert,
die ungewöhnliche Eigenschaft besessen hat,
sehen, hören und fühlen zu können.
Und (wenn du die Zeugen erwähnst, die heute auftreten):
von den zufällig unverarbeitet gebliebenen Materialresten,
die die gleichfalls ungewöhnliche Eigenschaft besitzen,
sich erinnern, berichten und anklagen zu können. –
Nur so.
Anders zu sprechen, ist unerlaubt
und läuft beinahe schon auf Entschuldigung heraus.

Günther Anders

7. Über die Täter

So ist es uns befohlen
Seit Sonnabend werden die Berliner Juden zusammengetrieben.
Abends um 21.15 Uhr werden sie abgeholt
und über Nacht in eine Synagoge gesperrt.
Dann geht es mit dem, was sie in der Hand tragen können,
ab nach Litzmannstadt und Smolensk.
Man will es uns ersparen zu sehen,
dass man sie einfach in Hunger und Kälte verrecken lässt …
Eine Bekannte hat gesehen, wie ein Jude auf der Straße zusammenbrach;
als sie ihm aufhelfen wollte, trat ein Schutzmann dazwischen,
verwehrte es ihr
und gab dem auf dem Boden liegenden Körper einen Tritt,
damit er in die Gosse rollte,
dann wandte er sich mit einem Rest von Schamgefühl an die Dame
und sagte: So ist es uns befohlen ...
Wenn ich nur das entsetzliche Gefühl loswerden könnte,
dass ich mich selbst habe korrumpieren lassen,
dass ich nicht mehr scharf auf solche Sachen reagierte,
dass sie mich quälen,
ohne dass spontane Reaktionen entstehen …

Helmuth James Graf von Moltke
(aus einem Brief vom 21.10.1941;
von Moltke wurde im Januar 1944 verhaftet und am 23.1.1945 hingerichtet,
weil er einen Gesinnungsfreund vor dessen bevorstehenden Verhaftung gewarnt hatte)

„Ich hätte so etwas nicht tun können",
sagen heute die anständigen Leute
und weisen damit die beunruhigende Frage Georg Büchners von sich:
„Was ist das,
was in uns lügt, mordet, stiehlt?"

Götz Eisenberg

Es genügt,
einem Menschen eine Uniform anzuziehen,
ihn von seiner Familie zu trennen,
und die Trommel zu rühren,
um ein wildes Tier aus ihm zu machen.

Lew Graf Tolstoj

Das Tier im Menschen

Ihr und die Dummen zieht in Viererreihen
in die Kasernen der Vergangenheit.
Glaubt nicht, dass wir uns wundern, wenn ihr schreit.
Denn was ihr denkt und tut, das ist zum Schreien.

Ihr kommt daher und lasst die Seelen kochen.
Die Seele kocht, und der Verstand erfriert.
Ihr liebt das Leben erst, wenn ihr marschiert,
weil dann gesungen wird und nicht gesprochen ...

Ihr liebt den Hass und wollt die Welt dran messen.
Ihr werft dem Tier im Menschen Futter hin,
damit es wächst, das Tier tief in euch drin!
Das Tier im Menschen soll den Menschen fressen ...

Erich Kästner
(Marschliedchen, 1932)

„Bellizistischer Romantizismus" (Rüdiger Safranski)

Wir werden nirgends stehen,
wo nicht die Stichflamme uns Bahn geschlagen,
wo nicht der Flammenwerfer
die große Säuberung durch das Nichts vollzogen hat.
Wir sind Söhne von Kriegen und Bürgerkriegen,
und wenn erst dies alles … hinweggefegt ist,
wird sich das entfalten können,
was noch an Natur, an Elementarem, an echter Wildheit,
an Fähigkeit zur wirklichen Zeugung mit Blut und Samen in uns steckt.

Ernst Jünger
(Frontsoldat, Gegner der Weimarer Republik und Antisemit; er veröffentlichte 1920
seine von der rechten Presse mit Begeisterung aufgenommenen Kriegsaufzeichnungen)

Biologismus, Darwinismus: Töten ist Naturgesetz

Es mag hier natürlich der eine oder andere lachen,
allein dieser Planet zog schon Jahrmillionen durch den Äther ohne Menschen,
und er kann einst wieder so dahin ziehen,
wenn die Menschen vergessen, dass sie ihr höheres Dasein …
der Erkenntnis und rücksichtslosen Anwendung
eherner Naturgesetze verdanken ...
Im ewigen Kampf ist die Menschheit groß geworden –
im ewigen Frieden geht sie unter.

Adolf Hitler

Morden erlaubt, wider das mosaische Tötungsverbot
Wir stehen vor einer ungeheuren Umwälzung der Moralbegriffe ...
Wir beenden einen Irrweg der Menschheit.
Die Tafeln vom Berg Sinai haben ihre Gültigkeit verloren.
Das Gewissen ist eine jüdische Erfindung.

Adolf Hitler

„Das weltanschauliche Zentralprojekt der Täter" (Micha Brumlik)
Wenn ich einmal wirklich an der Macht bin,
dann wird die Vernichtung der Juden
meine erste und wichtigste Aufgabe sein.

Adolf Hitler, 1922

Normalerweise trennt der Wahn einen Menschen von seiner Umgebung ab,
isoliert ihn und schließt ihn ein.
Das Ungeheure des Falles Hitler liegt darin,
dass er die Einsamkeit des Wahns überwand,
indem er seinen Wahn erfolgreich vergesellschaftete.

Rüdiger Safranski

Rassenwahn: 'Herrenmenschen` und 'Untermenschentum`
Der Soldat ist im Ostraum
nicht nur ein Kämpfer nach den Regeln der Kriegskunst,
sondern auch Träger einer unerbittlichen völkischen Idee
und der Richter für alle Bestialitäten,
die deutschem oder artverwandtem Volkstum zugeführt wurden.
Deshalb muss der Soldat für die Notwendigkeit der harten aber gerechten Sühne
am jüdischen Untermenschentum volles Verständnis haben.

Generalfeldmarschall Walter v. Reichenau
(Auszug aus der Rede „Das Verhalten der Truppe im Ostraum" vom 10. Oktober 1941,
als „Reichenau-Befehl" in die Geschichte eingegangen)

Die Tugend des 'soldatischen Anstandes`
Von euch werden die meisten wissen, was es heißt,
wenn hundert Leichen beisammen liegen,
wenn fünfhundert daliegen oder wenn tausend daliegen.
Dies durchgehalten zu haben, und dabei
– abgesehen von Ausnahmen menschlicher Schwächen –
anständig geblieben zu sein, das hat uns hart gemacht.

Heinrich Himmler
(aus einer Rede am 4. Oktober 1943 in Posen vor SS-Offizieren; als SS-Reichsführer
war Himmler maßgeblich an der Ermordung der europäischen Juden beteiligt)

Dämonisch
Das „Anständigbleiben“ (der SS-Leute in den KZ)
drückte sich für sie darin aus,
dass sie den Kindern Bonbons schenkten,
bevor sie ihnen die tödliche Spritze ins Herz stießen,
oder den (für die Gaskammer) Selektierten
die doppelte Suppenration austeilten.

Emmi Bonhoeffer

„Bestialische Instinkte“, ein „deutsches Gen“?
Die willkürliche Grausamkeit, die Schläge,
die für die Juden in den Lagern ´das tägliche Brot` waren,
der ´Sport`, den die Deutschen mit den Juden trieben,
alle symbolischen Grausamkeiten waren typisch
für das Handeln der Deutschen und gehörten wie selbstverständlich dazu.
Die Deutschen benutzten die Juden häufig als Spielzeuge,
zwangen sie, wie Zirkustiere Possen zu treiben,
die die Juden entwürdigten und ihre Folterer amüsierten.
Von ihrer Behandlung durch die Deutschen
hätten die Juden in Anlehnung an Shakespeares König Lear sagen können:
„Was Fliegen für böswillige Knaben sind,
das sind wir für die Deutschen,
sie töten und quälen uns, um ihren Spaß zu haben.“

Daniel Goldhagen

„Willige Vollstrecker“ (Daniel Goldhagen)
Wenngleich Goldhagen bedenkenlos alle „gewöhnlichen Deutschen“
wegen der Verbrechen des Dritten Reiches anklagte,
waren seine Hauptakteure so klischeehafte Nazis und Überdeutsche,
dass sie ebenso Wesen von einem anderen Stern hätten sein können.
Diese Mörder waren schrecklich, aber sie hatten mit nichts
und niemanden in der Gegenwart mehr etwas zu tun.
Anders die Wehrmachtausstellung:
Sie zeigte Großväter, Väter und Brüder,
die ganz den Familienangehörigen von heute ähnelten,
eher normale Deutsche, die sich auf Fotos von abscheulichen Verbrechen
lachend und herumalbernd präsentierten.
Diese Bilder waren genau darum so verstörend,
weil sie so vertraut, nachgerade familiär waren,
speziell für eine jüngste Generation.
Mit klischeehaften Deutschen einer irrealen Zeit konnte man fertig werden,
nicht aber mit Menschen, die den heutigen verwandt waren.

Konrad H. Jarausch

Zum Töten und Morden abgerichtet
Ich führe nur Befehle aus
und alles andere geht mich nichts an.
21. März – Brückenkopf über den Donez:
75 Meter raucht Iwan Zigaretten, ein Fressen für mein MG ...

Karl-Heinz Timm
(gefallener Sturmmann der SS-Totenkopfdivision, aus seinem Kriegstagebuch)

Ganz normale Männer: das Reserve-Polizeibataillon 101
Anhand von Prozessaussagen der damals noch lebenden Männer ist belegt,
dass sie, als der Befehl kam, jüdische Zivilisten zu erschießen,
Männer, Frauen und Kinder, den Befehl hätten verweigern können,
ohne Disziplinarstrafen befürchten zu müssen.
Es gab dafür Beispiele, auch in diesem Bataillon.
Allerdings traten nur 12 von den etwa 5000 Soldaten vor,
gaben ihre Karabiner ab und bekamen andere Aufgaben.
Diejenigen – also, die meisten, man müsste sagen fast alle –,
die nicht vortraten, nicht nein sagten, die gehorchten, töteten,
nach anfänglichen Skrupeln,
von Mal zu Mal selbstverständlicher, rücksichtsloser, mechanischer
– Tatbeschreibungen, die zu lesen man sich zwingen muss –
das Unfassbare. Vom Juli 1942 bis November 1943
wurden von den Männern des Reserve-Polizeibatallions 101
nach Vollzugsmeldung 38 000 Juden erschossen.
1967 wurde gegen 14 Mitglieder des Batallions ein Prozess eröffnet.
Drei Offiziere wurden zu jeweils acht Jahren, zwei Unteroffiziere
zu einmal fünf, einmal sechs Jahren Gefängnis verurteilt.
Die anderen Angeklagten verließen als freie Männer das Gericht.
Keiner der Angeklagten zeigte ein Unrechtsbewusstsein.
Alle beriefen sich auf Befehl und Gehorsam.
Die Strafen wurden später stark reduziert.

Uwe Timm
(Bruder von Karl-Heinz Timm)

Aus Tätern werden Verführte
Die SS-Leute gingen doch davon aus, dass dies alles so sein „müsse“.
Wenn sie total verkommene Unmenschen gewesen wären,
würden sie ja später beim Raubmorden geblieben
und nicht Buchhalter oder Krankenpfleger geworden sein.
Für viele Deutsche also wurde die Verführung
durch eine „Weltanschauung“ zum Fallstrick.

Emmi Bonhoeffer

„Der Glaube an den Führer erfüllt uns und gibt uns Kraft"

27.9.1942: Meine Stimmung ist wie gesagt düster.
Ich muss mich erst selbst überwinden. Der Anblick der Toten
(darunter Frauen und Kinder) ist auch nicht aufmunternd.
Wir kämpfen aber in diesem Krieg um Sein oder Nichtsein unseres Volkes …
Da dieser Krieg nach unserer Ansicht ein jüdischer Krieg ist,
spüren die Juden ihn in erster Linie.
Es gibt in Russland, soweit der deutsche Soldat ist, keine Juden mehr.
Du kannst dir vorstellen, dass ich erst einige Zeit benötigte,
um dies zu überwinden ...

(?)1942: Hart müssen wir hier draußen sein, sonst verlieren wir den Krieg.
Mitleid in irgendeiner Form ist nicht am Platze.
Ihr Frauen und Kinder in der Heimat hättet,
wenn der Feind sich durchsetzen sollte, keine Gnade oder Mitleid zu erwarten.
Deshalb räumen wir auf, wo es Not tut. Sonst ist der Russe willig,
einfältig und gehorsam. Juden gibt es hier nicht mehr ...

15.10.1942: Über die Schießerei habe ich dir schon berichtet,
dass ich auch hier nicht versagen durfte …
Ihr könnt aber Vertrauen auf Euren Papa haben.
Er denkt stets an Euch und schießt nicht über das Maß hinaus …
Hier ändern sich die Menschen. Blut kann man dann schon bald sehen,
nur Blutwurst ist bei uns nicht beliebt …

19.10.1942: Unser Dienst verlangt es, dass wir gut essen und trinken.
Sonst gehen unsere Nerven durch. So schön ist das alles gar nicht ...
Euer Papa wird schon sehr aufpassen und Maß und Ziel halten ...
Sind die Kinder immer schön artig? Lernt Muckerle auch gut?
Macht Volkmar nicht mehr das Bettchen nass? …
Wie steht es mit dem Händewaschen und Zähneputzen?
Nur nicht liederlich werden …
Die fremden Völker merken sofort, wo eine Schwäche vorhanden ist.
Bei kleinen Dingen fängt es an, und mit großen hört es auf.
Auch hier an sich arbeiten und aufpassen. Wir Deutschen sind nun einmal
nach dem Willen des Schicksals das Volk der Zukunft …
Nur wer sich selbst in der Zucht hat, kann über andere urteilen und herrschen ...
Wenn nur nicht die dummen Gedanken über die Tätigkeit von uns
hier im Lande wären, wäre der Einsatz hier für mich wunderschön …
Der Ausdruck ´dumme Gedanken` ist eigentlich auch nicht zutreffend.
Es ist vielmehr eine Schwäche, keine toten Menschen sehen zu können,
die man am besten dadurch überwindet, indem man öfter hingeht.
Dann wird es zur Gewohnheit …

Karl Kretschmer
(SS-Obersturmführer – SK 4a, Auszug aus Briefen an Frau und Kinder;
das Sonderkommando 4a ermordete bis Januar 1942 ca. 60 000 Juden)

Die bürgerliche Doppelmoral der Täter

War in der Scheidung von Öffentlichkeit und Privatheit im Bürgertum
nicht in jedem und noch im besten Falle eine Doppelmoral angelegt?
Und hat diese Doppelmoral im Umschlag vom bürgerlichen Wohlverhalten
zur Barbarei der nationalsozialistischen Gewaltherrschaft
womöglich ihren folgerichtigen und schreckensvollen Schlusspunkt erreicht?
Da blieb man privat so gewissenhaft, so ordentlich und anständig,
so fürsorglich oder so sentimental, wie man es immer gewesen war.
Öffentlich aber, im Dienst, in der gläubig gehorsamen Pflichterfüllung,
tat man alles, was befohlen wurde,
sogar wenn es sich um Befehle zum Verfemen,
Verfolgen und Vernichten handelte.
Die strikte Zweiteilung sorgte für ein gutes Gewissen,
sogar nachträglich noch,
weil man sich ja privat – also persönlich –
nichts hatte zu Schulden kommen lassen.

Christian Graf von Krockow

Gegen die 'Vermonsterung' der Täter

Mit einem gewissen Schrecken
erkennen wir in einem Täter den Menschen:
seine Verbrechen und unsere Tugenden sind austauschbar;
er ist unsere Wahrheit, so wie wir die seine sind!
Sartre brachte das in seiner Genet-Biographie auf die Formulierung:
„Man muss schon wählen:
Wenn jeder Mensch der ganze Mensch ist,
muss dieser Abweichler
entweder nur ein Kieselstein
oder ich sein."

Götz Eisenberg

Über die „Banalität des Bösen" (Hannah Arendt)

Die Ärzte im Dritten Reich waren weder brillant noch dumm,
weder von Geburt aus böse
noch in moralischer Hinsicht besonders sensibel,
sie waren also keineswegs dämonische Figuren
– sadistisch, fanatisch und mordgierig –,
für die sie oft gehalten worden sind.
Aber es ist dämonisch,
dass sie nicht dämonisch waren.

Robert Jay Lifton

Das Fürchterliche an der Shoah ist eben nicht,
dass die Nazis unmenschlich waren;
das Fürchterliche ist, dass sie menschlich waren –
wie Sie und ich.
Wenn wir sagen, dass sie anders waren als wir
und dass wir in Ruhe schlafen können, denn die Nazis waren Teufel
und wir sind eben keine Teufel, weil wir keine Nazis sind,
so ist das eine billige Ausflucht.
Eine genauso billige Ausflucht ist es, wenn man sagt,
dass die Deutschen irgendwie ´genetisch programmiert` waren,
diesen Massenmord durchzuführen.
Da die meisten Menschen keine Deutschen sind,
glauben viele, dass das, was damals geschah,
bei niemandem mehr passieren kann,
und dass es nur in Deutschland geschehen konnte.
Das ist umgekehrter Rassismus.

Yehuda Bauer
(ehemaliger Direktor von Yad Vashem)

Die furchtbarste Erkenntnis aus dem Holocaust und dem,
was man über die Vollstrecker erfuhr, war nicht,
dass ´so etwas` auch uns widerfahren könnte, sondern,
dass jeder von uns es tun könnte.

Zygmunt Bauman

Es gibt kein Verbrechen,
das ich nicht an irgendeinem Tag meines Lebens
hätte begehen können.

Johann Wolfgang Goethe

Das Tätervolk
Am Ende hatte jeder Herrenmensch
– und das waren nicht allein irgendwelche NS-Funktionäre,
sondern 95% der Deutschen –
Anteile an dem *(von Juden)* Geraubten in Form von Geld in der Tasche
oder als importierte Lebensmittel auf der Hüfte,
bezahlt mit enteignetem jüdischen Besitz.
Die späteren Bombenopfer trugen Kleider von Ermordeten
und atmeten in deren Betten.

Götz Aly

8. Wegsehen und Schweigen

Kassandra
Alles, was sie wissen müssen,
wird sich vor ihren Augen abspielen,
und sie werden nichts sehen.

Christa Wolf

„Wegsehen, die furchterregende Signatur unseres Jahrhunderts"
Man sah das Böse nicht,
man wollte es nicht sehen,
wollte die Untat nicht wahrnehmen –
und damit begann das Schweigen.
Denn Wegsehen und Schweigen sind eng miteinander verbunden.

Fritz Stern

„Das feine Schweigen" (Fritz Stern)
Die „zusammengekniffenen Lippen"
wurden zum charakteristischen Merkmal
der deutschen Intellektuellenphysiognomie im „Dritten Reich".
Den Mund bekam man nicht mehr auf,
doch, weil man nicht redete, fühlte man sich wie im Widerstand.
Nach 1934 begann für viele die „innere Emigration".
Lebendig blieb die Illusion, dass Deutschlands besserer Teil, die Kultur,
die mörderischen Aktionen des Staates unbeschädigt überleben würde.
Als das „Dritte Reich" untergegangen war,
warfen sich die Nazisympathisanten und Mitläufer
nicht für einen Augenblick vor,
durch ihre Duldung dem Regime zusätzliche Legitimität
und ein längeres Überleben gesichert zu haben.
Da sie sich aus ästhetischen Gründen von den Nazis losgesagt hatten,
wollten sie nur zu gerne glauben, ihnen auch politisch opponiert zu haben.
Sie hatten, dies war ihre Selbstwahrnehmung, in Wahrheit im Exil gelebt.
Sie hatten Widerstand geleistet,
tief in ihrem Herzen, so tief,
dass niemand außer ihnen selbst es je wahrnehmen konnte.

Wolf Lepenies

Wir sind stumme Zeugen
böser Taten gewesen.

Dietrich Bonhoeffer

Schweigen
ist ein wirkliches Verbrechen
gegen das Menschengeschlecht.

Nadeschda Mandelstam

Über die Arglosen

Die Phantasie der Menschen mochte für Art
und Ausmaß der Vernichtung nicht ausreichen.
Aber in Wirklichkeit trat zu den Verbrechen selbst der Versuch allzu vieler,
auch in meiner Generation, die wir jung und an der Planung
und Ausführung der Ereignisse unbeteiligt waren,
nicht zur Kenntnis zu nehmen, was geschah ...
Wer konnte arglos bleiben nach den Bränden der Synagogen,
den Plünderungen, der Stigmatisierung mit dem Judenstern,
den unaufhörlichen Schändungen der menschlichen Würde ...
Wer seine Ohren und Augen aufmachte, wer sich informieren wollte,
dem konnte nicht entgehen, dass Deportationszüge rollten ...
Wir alle, ob schuldig oder nicht, ob alt oder jung,
müssen die Vergangenheit annehmen.
Wir alle sind von ihren Folgen betroffen und für sie in Haftung genommen.
Wer aber vor der Vergangenheit die Augen verschließt,
wird blind für die Gegenwart.
Wer sich der Unmenschlichkeit nicht erinnern will,
der wird anfällig für neue Ansteckungsgefahren.

Richard von Weizsäcker

(Auszug aus der Ansprache von Bundespräsident Richard von Weizsäcker
anlässlich der Gedenkstunde zu 40 Jahren Kriegsende
im Plenarsaal des Deutschen Bundestages am 8.5.1985)

Jeder ist verantwortlich für das,
was er tat
und mitverantwortlich für das,
was er geschehen ließ.

Richard von Weizsäcker

Das große Geschenk,
das uns durch die Frauen und Männer des Widerstandes erreicht,
ist der Beweis, dass Widerstand möglich war,
genau in der Zeit, in der die große Mehrheit das Gift getrunken
und sich unter die Diktatur gestellt hatte.
Sie standen fast allein.

Albert Friedländer

9. Widerstand

Die Juden, meine ärmsten Brüder
Ich bin schuldig des feigen Verstummens,
wo ich hätte reden sollen.
Ich bin schuldig der Unwahrhaftigkeit und der Heuchelei
angesichts der Gewalt,
ich bin schuldig der Unbarmherzigkeit und der Verleugnung
meiner ärmsten Brüder.

Dietrich Bonhoeffer, 1941
(am 9. April 1945 wurde Bonhoeffer in Flossenbürg von der SS umgebracht)

Schuldhaftes Versäumen: zu wenige, zu verborgen, zu spät
Wenn wir nach dem Krieg vom Ausland her gefragt wurden,
weshalb wir nicht offen gegen den nazistischen Völkermord protestiert haben,
pflegte ich darauf zu antworten:
Als das große Morden begann, war es für den offenen Protest zu spät ...
unser schuldhaftes Versäumen lag nicht in dieser Zeit, sondern vorher ...
wir hätten offener sprechen müssen ... um die Machthaber zu hemmen.
Und freilich, als es zum Reden zu spät war,
hätten wir nicht nur helfen sollen, sondern ...
uns praktisch mit den Verfolgten identifizieren sollen ...

Helmut Gollwitzer

Wenn eine ganze Bevölkerung in Zuschauen verharrt,
sind die Opfer ohne Verbündete,
die Kriminellen werden bekräftigt –
und erst dann wird Heldentum notwendig.

Facing History and Ourselves Foundation

Wehe dem Land,
das Helden nötig hat.

Bertolt Brecht
(Leben des Galilei)

Ich werde der Feind Hitlers sein.

Joseph Wirmer
(nach der Übertragung einer Hitlerrede am 1.5.1933;
Wirmer war Katholik, Rechtsanwalt, Mitglied der Zentrumspartei
und wurde als „einer der Hauptbeteiligten des 20. Juli“ am 8. September 1944 gehängt)

„Aktiver Anstand“ (Fritz Stern)
Während einer Auslandsreise des Leipziger Bürgermeisters
Carl Friedrich Goerdeler Ende 1936,
wurde in der Stadt ein Denkmal des jüdischstämmigen Komponisten
Felix Mendelsohn-Bartholdy entfernt.
Als die Nazis diese Maßnahme nicht zurücknehmen wollten, trat er zurück.

Ger Van Roon
(als Mitglied des Kreisauer Kreises war Goerdeler
für die Zeit nach dem Unsturz vom 20. Juli 1944 als Reichskanzler vorgesehen;
er wurde am 2. Februar 1945 im Zuchthaus Berlin-Plötzensee enthauptet)

Juden im Untergrund und ihre ´ganz normalen` Helfer
Es waren normale, gesetzestreue und bescheidene Menschen
und weder Rebellen noch Abenteurer,
die sich ungeachtet der Konsequenzen gegen die Mächtigen zur Wehr setzten
und der Stimme ihres Gewissens folgten,
– diese kleine Schar der Retter im Holocaust,
die unter Gefahr ihres Lebens
unabhängig voneinander versuchten, Menschen zu retten.
Man würde bei diesen Menschen vergeblich nach sozialen,
politischen oder religiösen Determinanten ihres einzigartigen Handelns suchen.
Das moralische Gewissen, das ohne den entsprechenden Auslöser
nicht besonders in Erscheinung getreten wäre,
war ihr ureigenstes individuelles Merkmal –
im Gegensatz zur sozial erzeugten Unmoral, die um sie herum herrschte.
Die Fähigkeit dieser Menschen, dem Bösen zu widerstehen,
ruhte die meiste Zeit ihres Lebens und niemand hätte je davon erfahren.
Wie schön, wenn diese Form der Unwissenheit
heute unser Problem wäre.

Zygmunt Bauman

Sie haben Verfolgte aufgenommen
Können wir uns noch in die Augen sehen,
wenn wir hier nicht das tun,
was uns möglich ist?

Maria Pfürtner

Wenn wir erwischt werden und nur zwei Menschen gerettet haben,
sind wir mit Hitler quitt.
Jedes darüber hinaus gerettete Leben
ist schierer Gewinn.

Ehepaar Helmrich

Warum haben Sie den jüdischen Menschen geholfen?
Ich weiß nicht, es gab ja keine Entschließung,
es gab ja überhaupt gar nichts, was –
wo ich fragen konnte,
ob das Recht ist oder Unrecht.

der schlichte Hauswart aus Berlin

„Wem bin ich der Nächste?“ (nach Lukas 10, 36)
Die Katholikin Maria Nickel war verheiratet und hatte zwei Söhne.
Ihr Mann war Automechaniker, sie führte den Haushalt.
Die Familie wohnte in Berlin-Kreuzberg.
Schon seit Beginn der Nazi-Zeit beobachtete sie mit Sorge
die zunehmende Diskriminierung der jüdischen Bevölkerung.
Da sie im Herbst 1942 sicher war, dass die Juden „im Osten“
ein schreckliches Schicksal erwartete, beschloss sie für sich,
wenigstens einem Menschen zu helfen.
Da sie aber keine jüdischen Bekannten hatte,
beobachtete sie die jüdischen Zwangsarbeiterinnen,
die in ihrer Nachbarschaft zur Arbeit gingen.
Eine von ihnen, Ruth Abraham, erwartete ein Kind.
Frau Nickel folgte ihr eines Tages an ihren Arbeitsplatz
und bot ihre Hilfe an.
Nach einigem Zögern fasste Ruth Abraham Vertrauen.
Maria Nickel brachte der Schwangeren
und deren Mann Lebensmittel in die Wohnung.
Bald danach, im Januar 1943, wurde das Kind Reha geboren.
Als die Deportation drohte, baten die Abrahams um Ausweise,
um untertauchen zu können. Maria Nickel überließ ihnen ihren Postausweis,
der mit einem Foto Ruth Abrahams versehen wurde,
und Herrn Abraham gab sie den Führerschein ihres Mannes.
Als die Abrahams nach einiger Zeit in eine Kontrolle gerieten,
retteten diese Ausweise sie vor der Verhaftung.
Die Papiere wurden jedoch von der Gestapo zur Überprüfung eingezogen.
Ruth Abraham, die mit Mann und Kind flüchten konnte, gelang es,
Maria Nickel telefonisch zu warnen.
Kurz darauf bekam diese eine Vorladung zur Gestapo.
Beim Verhör konnte sie sich herausreden,
dass ihr die Ausweise gestohlen worden seien.
In den Jahren bis zur Befreiung
nahm sie immer wieder das Kleinkind der Abrahams bei sich auf,
wenn diese in eine ausweglose Lage gerieten.
Familie Abraham überlebte den Holocaust.

Beate Kosmala

Auszug aus einem Flugblatt der Weißen Rose
'Wir schweigen nicht,
wir sind Euer böses Gewissen,
die Weiße Rose lässt Euch keine Ruhe.'

Sophie Scholl
(am 22. Februar 1943 mit ihrem Bruder vom Volksgerichtshof zum Tode verurteilt
und am gleichen Tag hingerichtet)

Was liegt an meinem Tod,
wenn durch unser Handeln
Tausende von Menschen aufgerüttelt und geweckt werden.

Sophie Scholl

Für eine so gute und gerechte Sache
ist der Einsatz des Lebens
der angemessene Preis.

Julius Leber
(ein letzter Gruß aus der Haftzelle an seine Freunde;
der Sozialdemokrat Leber war seit 1933 im Widerstand;
er wurde als Mitglied des Kreisauer Kreises am 5. Januar 1945 hingerichtet)

Die Grenze der Gewalt liegt darin,
dass sie zwar die Person des Widerstandes,
aber nie die Gesinnung des Widerstandes vernichten kann.

Theodor Haubach
(Sozialdemokrat, Mitglied des Kreisauer Kreises;
schwer erkrankt wird Haubach am 23. Januar 1945 in Berlin-Plötzensee hingerichtet)

Gesicht zeigen, der eigenen Feigheit widerstehen
Die letzte verantwortliche Frage ist nicht,
wie ich mich heroisch aus der Affäre ziehe,
sondern wie eine zukünftige Generation weiterleben soll.

Dietrich Bonhoeffer

Ehemaliger Soldat und Parteimitglied, in einem Brief an jüdische Überlebende
Was ich Ihnen und Ihren Freunden tun konnte und durfte,
war nicht nur eine Selbstverständlichkeit,
sondern noch viel zu wenig,
gemessen an der entsetzlichen Lage,
in der Sie sich alle damals befanden.

Karl Plagge, 1948
(Plagge leitete im Krieg den Heerkraftfahrpark 562 in Wilna, dort hat er über Jahre hinweg
hunderte Juden durch Zivilcourage, Umsicht und Menschlichkeit vor den Holocaust gerettet)

Betet für mich

Ich muss euch eine traurige Nachricht mitteilen,
dass ich zum Tode verurteilt wurde, ich und Gustav G.
Wir haben es nicht unterschrieben zur SS,
da haben sie uns zum Tode verurteilt.
Ihr habt mir doch geschrieben, ich soll nicht zur SS gehen,
mein Kamerad Gustav G. hat es auch nicht unterschrieben.
Wir beide wollen lieber sterben,
als unser Gewissen mit so Gräueltaten zu beflecken.
Ich weiß, was die SS ausführen muss.
Ach, liebe Eltern, so schwer es für mich ist und für euch ist,
verzeiht mir alles, wenn ich euch beleidigt habe,
bitte verzeiht mir und betet für mich.
Wenn ich im Kriege fallen würde und hätte ein böses Gewissen,
das wäre auch traurig für euch.
Es werden noch viele Eltern ihre Kinder verlieren ...
Ich danke euch für alles was ihr mir seit meiner Kindheit Gutes getan habt,
verzeiht mir, betet für mich ...

junger Bauernsohn aus dem Sudetenland
(Abschiedsbrief vom 3. Februar 1944 an seine Eltern kurz vor der Hinrichtung)

Stille Helden

Es gibt Sterne,
deren Strahlen auf Erden noch sichtbar sind,
obgleich sie längst verloschen.
Es gibt Menschen,
die die Welt mit ihrem Glanz erleuchten,
obgleich sie nicht mehr unter den Lebenden weilen.
Diese Lichter sind am hellsten,
wenn die Nacht am finstersten.
Sie leuchten der Menschheit ihren Weg.

Hannah Senesh

´Allee der Gerechten` in Jerusalem – ein Baum für jeden von ihnen

Ab und zu, wenn ich an einem dunklen Tag
den Weg dieser Straße gehe,
kommt mir der Gedanke,
„mein Gott, wie wenige!"
Aber meistens denke ich dann nach und sage mir,
„mein Gott, wie viele!"

Rabbiner Hugo Gryn

10. Die ´zweite Schuld` der Deutschen

Die deutsche Vergangenheitsbewältigung nach dem Krieg
Vom ersten Tag an standen in der jungen Bonner Bundesrepublik
die Zeichen auf Pardonisierung, Amnestie und Integration.
Nie mehr wieder seitdem hat Resozialisierung
so einvernehmlich und so umfassend funktioniert:
Die Nazirichter rissen sich das Hakenkreuz von der Robe –
und machten einfach weiter.
Die Professoren tilgten die braunen Sätze aus ihren Büchern –
und blieben großenteils auf ihren Lehrstühlen
oder kehrten bald zu ihnen zurück.
Die Beamten hängten Adolf Hitler von der Wand,
gelobten einem neuen Dienstherrn die alte Treue –
und verwalteten weiter.
Der „Tag der Befreiung“ war ein Tag der Befreiung
von den Äußerlichkeiten des alten Regimes;
man streifte die alte braune Haut ab.

Heribert Prantl

Fehlgeschlagene Entnazifizierung
Ende der fünfziger Jahre
war fast die gesamte Funktionselite des Dritten Reiches
wieder in gleichwertigen oder gar höheren Stellungen als in der Nazizeit.

Ralph Giordano

Täter erklärten sich zu Verführten, Mitläufer zu Opfern
Die Deutschen fanden eine entschuldigende Erklärung,
indem sie die Unterdrücker als Barbaren, als wilde Tiere,
als satanische Verführer darstellten, die sich von Außen
dem unschuldigen und gutgläubigen deutschen Volk genähert hätten
und es wie eine Droge, eine Krankheit
oder eine teuflische Besessenheit seines Willens beraubt hätten.
Die Besessenheit mit dem Verbrechen
sei krankhaft, unausweichlich und schicksalhaft,
das Volk sei ´geblendet und verführt,
arglos und nichtsahnend gewesen`.
Diese Dämonisierung der Naziherrschaft
entzog nicht nur die Nation der Verantwortung und Schuld,
sondern ließ sie sogar als das eigentliche Opfer des Nazismus erscheinen.

Bernhard Giesen

´Befehlsnotstand` der ´Verführten`

Der Befehlsnotstand ließ nach dem Krieg die Massenmörder frei herumlaufen,
ließ sie wieder Richter, medizinische Gutachter,
Polizisten, Professoren werden.

Uwe Timm

Dem Volk aufs Maul geschaut: ´Wir alle sind Opfer`

...´der Krieg war Scheiße, und das mit den Juden eine Sauerei,
die nicht hätte passieren dürfen,
aber die anderen sind ja auch kaum besser gewesen,
haben schließlich die deutschen Städte zerbombt,
Millionen aus der Heimat vertrieben. Krieg ist eben Krieg.
Und letztlich sind alle Opfer dieses Krieges gewesen` ...

Heribert Prantl

Die Wahrnehmung des NS-Widerstandes in den 50er Jahren

Wie die Realität der Angehörigen der Widerstandskämpfer aussah,
zeigte eine kleine Zeitungsmeldung vom 21. Juli 1951:
Die Oberfinanzdirektion München verfügte,
dass ein Unterhaltsgeld in Höhe von 160 DM im Monat
an die Witwe des nach dem 20. Juli 1944 vom Volksgerichtshof zum Tode
verurteilten und hingerichteten Obersten Rudolf Graf von Marogna-Redwitz
nicht mehr weitergezahlt werde, da „wegen Hoch-
und Landesverrat verurteilte frühere Wehrmachtsangehörige"
keinerlei Anrecht auf irgendwelche Pensionen und Renten hätten.

Der Vorsitzende des zu Beginn der fünfziger Jahre neu gegründeten
Verbandes Deutscher Soldaten in Bayern, Oberst a.D. Ludwig Gümbel,
erklärte etwa im Oktober 1951, dass für die Widerstandskämpfer des 20. Juli
kein Platz in einer neuen deutschen Armee sei. „Wir meinen,
dass ihre Rückkehr sich in einer Gefährdung des soldatischen Geistes,
ohne den jeder Wehrbeitrag undenkbar ist, auswirken muss und wird."

Johannes Tuchel

Schamlose Verdrängungstaktik noch 20 Jahre nach Kriegsende

Das erste Buch der Berliner Jüdin Inge Deutschkron mit dem Titel:
... denn ihrer war die Hölle. Kinder in Ghettos und Lagern,
das sie 1965 nach den Erfahrungen im Auschwitz-Prozess herausbrachte,
wurde von der Bundeszentrale für politische Bildung
mit der Begründung abgelehnt, dass die Förderung jeglicher Literatur,
„die sich mit der Verfolgung von Juden und Andersdenkenden
während der Naziherrschaft befasst", eingestellt werden sollte.

Volker Ludwig

Die juristische NS-Vergangenheitsbewältigung nach dem Krieg
Es herrschte großer Friede mit den Tätern.

Ralph Giordano

Es gab sie zuhauf
... jene „furchtbaren Juristen", die in den fünfziger Jahren
Wiedergutmachungsansprüche der Angehörigen
von ermordeten Nazi-Opfern ablehnten,
weil keine Totenscheine vorlagen.

Rudolf Walther

Für die bundesdeutsche Strafverfolgung ist die NS-Justiz
in ihren Kernbereichen Rechtsstaat geblieben, die DDR hingegen nicht ...
Keines der 60.000 Todesurteile von NS-Richtern wurde geahndet,
dagegen 32 Richter der DDR wegen Rechtsbeugung verurteilt.
Der Großteil der Richter der DDR wurde nach 1990 entlassen,
während nach 1945 in der Westzone selbst solche NS-Juristen Recht sprachen,
die für mehr Todesurteile verantwortlich waren als die gesamte DDR-Justiz ...
Und wenn es tatsächlich in den langen Jahren der Demokratie
zu einem Lernprozess gekommen ist, dann müssten mindestens
die Fälle von NS-Justiz, die in der späten BRD nachverhandelt wurden,
zu vergleichbaren Urteilen geführt haben. Kann man davon ausgehen? ...
Während selbst untergeordneten DDR-Rängen vorgehalten wird,
sie hätten das Unrechtmäßige ihres Tuns erkennen
und gegen Anordnungen handeln müssen,
wird einem NS-Richter, beteiligt an Euthanasie, noch heute bescheinigt:
Sein Tun sei nicht strafrechtlich relevant, denn sein Schweigen
"kann nicht ohne weiteres als Zustimmung ausgelegt werden"...
Wer so allerdings nur in einer Ecke wischt, riskiert den Verdacht,
dass nicht Reinlichkeit sein Handeln bestimmt.

Regina General

Was damals Recht war,
kann heute nicht Unrecht sein.

Hans Filbinger
(NS-Richter, verantwortlich für zahlreiche Todesurteile,
später CDU-Ministerpräsident von Baden Württemberg)

Unter einer Diktatur erfolgt Rechtsentstehung
durch Rechtsbruch.

Fritz Bauer
(KZ-Häftling, Sozialist und Jude, später Hessischer Generalstaatsanwalt)

Der Russlandfeldzug in rechtskonservativer Erinnerung
Anlässlich des 40. Jahrestages der Befreiung Deutschlands,
hatte der damalige Vorsitzende der CDU-Fraktion im Bundestag,
Alfred Dregger, stolz sich gebrüstet,
dass er noch an diesem Tag
gegen die heranstürmenden Russen sein Vaterland verteidigt hat.
In einer Kundgebung zu diesem Tag sagte ich hierzu,
ihm und auch sonst niemandem würde ich einen Vorwurf machen,
wenn er damals glaubte noch kämpfen zu müssen,
um sein Vaterland zu verteidigen. Er war damals jung.
Aber dass nach 40 Jahren,
ein führender Politiker nicht wahrhaben will,
für welch verbrecherischen Krieg Vaterlandsgefühle missbraucht wurden,
das ist der Skandal.

Peter Gingold
(Peter Gingold gehörte zu den wenigen Deutschen, die im Zweiten Weltkrieg
im französischen Widerstand gegen die deutsche Besatzung gekämpft haben)

Die Niederlage der Mörder
war die Befreiung der Verfolgten.

Peter Gingold

Hitlers Staat und Auschwitz
waren dasselbe Wort.

Albert Friedländer

„Verlieren wir die Schlacht um das historische Gedächtnis?"
Die notwendige Erinnerung an menschliches Leid
hat immer einen historischen Kontext
und steht im Zusammenhang von
Kausalität, Schuld und Verantwortung.
Das ist bei den aktuellen Diskussionen unbedingt zu beachten.

nach Moshe Zimmermann

Selektive Blindheit
Wir suchen die Wahrheit,
finden wollen wir sie aber nur dort,
wo es uns beliebt.

Marie von Ebner-Eschenbach

11. Sich wahrheitsgemäß erinnern

Erinnerung ist ein Hund,
der sich hinlegt, wo er will.

Cees Nooteboom

Die Gegenspieler des Gedächtnisses: Einbildungskraft und Fiktion
Beide, Geschichte und Gedächtnis,
sind in ihrer Suche nach Wahrhaftigkeit unstillbar aufeinander bezogen.
Im Gegensatz zu ihren Gegenständen
finden Geschichte und Erinnerung im Hier und Jetzt statt.
Sie sind Rekonstruktionen eines Vergangenen,
das als solches nie anwesend ist und sein kann.
Vergangenes kann nur als Abwesendes re-präsentiert,
und dass heißt wieder-vergegenwärtigt werden.
Der Anspruch auf Wahrheit,
den sowohl das Gedächtnis als auch die Geschichte erheben,
wird daher immer schon von ihren Gegenspielern heimgesucht:
der Einbildungskraft und der Fiktion.

Paul Ricœur

„Sich wahrheitsgemäß erinnern tut oft weh" (Richard von Weizsäcker)
Entgegen landläufigen Vorstellungen
kommt weder den nationalsozialistischen Verbrechen
noch dem Holocaust in deutschen Familien eine besondere Rolle zu –
ganz im Gegensatz zu Erinnerungen,
in denen die Familienmitglieder
selbst als Opfer des „Dritten Reichs",
als alltägliche Widerstandskämpfer,
niemals aber als „Nazis" in Erscheinung treten.

Harald Welzer

Abwehr und Verdrängen
Der Reiz der Erkenntnis wäre gering,
wenn nicht auf dem Weg zu ihr so viel Scham zu überwinden wäre:
´Das habe ich getan` sagt mein Gedächtnis.
´Das kann ich nicht getan haben` sagt mein Stolz
und bleibt unerbittlich.
Endlich –
gibt das Gedächtnis nach.

Friedrich Nietzsche

Selektive Wahrnehmung?
Nach meiner Erfahrung
haben die Zuschauer der Hexenverbrennung
überhaupt keinen Scheiterhaufen gesehen.
Sie erinnern sich höchstens,
dass sie etwas wärmte.

Birgit Berg

Angenehme Illusionen
Die meisten Menschen und Völker sind geneigt,
sich an „angenehme Illusionen" (Edmund Burke) zu klammern,
sich selbst, die eigene Familie und Gemeinschaft,
die eigene Nation zu verschonen.
Nur in historisch-psychologisch seltenen Momenten
neigen Menschen und Völker dazu, sich selbst anzuklagen,
ihre angenehmen Illusionen fallen zu lassen.

Und doch gibt es die alte Verheißung,
das alte menschliche Verlangen:
Zeugnis abzulegen, dem Unglück eine Erinnerung abzutrotzen,
„in der Wahrheit zu leben" (Vaclav Havel),
auch mit sich selbst.

Fritz Stern

An welche Wahrheit müssen wir uns erinnern?
Allzu lang hat sich die Kultur der Vergangenheitsbewältigung
mit einem Gesellschaftsmodell begnügt,
dass aus Tätern, Opfern, Zuschauern und Mitläufern besteht.
Ich glaube nicht,
dass mit solchen Kategorien der Handlungszusammenhang,
der schließlich in den Massenmord und in die Vernichtung führte,
angemessen beschrieben werden kann.
Es gibt nämlich in einem solchen Zusammenhang keine Zuschauer,
es gibt auch keine Mitläufer, es gibt nur Menschen,
die alle gemeinsam – jeder auf seine Weise –
der eine intensiver und engagierter,
der andere skeptischer und gleichgültiger
eine gemeinsame soziale Wirklichkeit herstellen.
Wegsehen, dulden, akzeptieren, mittun und aktiv werden
sind also keine grundlegend von einander verschiedenen Verhaltensweisen,
sondern Stadien auf einem Kontinuum der Veränderung von Werten.

Harald Welzer

´Shifting baselines`
Die NS-Zeit liefert eine Erkenntnis, aus der man etwas lernen kann,
über den Prozess, in dem Menschen sich bereitwillig,
gleichgültig oder widerwillig für die Unmenschlichkeit entscheiden.
Das Entstehen eines solchen Prozesses
ist kein spezifisch deutsches Phänomen. Es hat nach dem Holocaust
weitere Völkermorde gegeben und ihr Ausgangspunkt
ist immer eine kategoriale Unterscheidung von Menschengruppen.
Solche Unterscheidungen bleiben aber nicht abstrakt,
sondern übersetzten sich regelmäßig in eine soziale Praxis,
in der man es schnell für selbstverständlich hält, dass für verschiedene Gruppen
verschiedene Rechts- und Verhaltensnormen bestehen
und in denen es am Ende sogar als moralisch gilt,
andere Menschen zu demütigen, sie zu entrechten, zu berauben,
zu deportieren und schließlich zu ermorden.
Dabei ist es zweifellos jeweils etwas anderes,
ob ich die Straßenseite wechsele, wenn mir ein jüdischer Bekannter begegnet,
weil ich fürchte, in eine peinliche Situation zu geraten,
oder ob ich in die schöne Wohnung ziehe,
aus der zuvor eine jüdische Familie getrieben wurde,
oder ob ich den Tod eines Menschen
durch eine Unterschrift unter ein ärztliches Formular anordne,
oder ob ich Krematoriumsöfen entwerfe, oder ob ich als Angehöriger
eines Reservebatallions jüdische Frauen und Kinder ermorde.
All dies sind qualitativ verschiedene Stufen,
die unterschiedlich schwierig zu überschreiten sind,
aber ich fürchte, es handelt sich dabei am Ende um ein Kontinuum,
an dessen Anfang etwas scheinbar Harmloses steht,
und dessen Ende durch die Vernichtung markiert ist.
Es ist nur für die meisten Menschen wichtig, die ersten Stufen
überschritten zu haben, um die letzten überschreiten zu können.
Das Perfide liegt aber darin,
dass den allermeisten beim Überschreiten der ersten Stufe
die letzte noch ganz intolerabel erscheint,
während es gute Gründe zu geben scheint,
eben den ersten scheinbar nicht so schlimmen Schritt zu tun
und das ist vielleicht nur ein kleines Vergehen
gegen eine ohnehin fragile innere Überzeugung,
gegen ein moralisch unangenehmes Gefühl, aber das ist der Augenblick
in dem die Entscheidung für die Unmenschlichkeit bereits gefallen ist.

Harald Welzer

(der Begriff *´shifting baselines`* beschreibt in der Sozialpsychologie folgendes Phänomen: schleichende Veränderungen der sozialen Wirklichkeit verrücken bei vielen Menschen Schritt für Schritt die Wahrnehmung und gleichzeitig die mit ihr verbundene moralische Bewertung)

12. Historische Wurzeln der Katastrophe

Luther und die deutsche Obrigkeitshörigkeit
Ein Rückblick auf Luther wirft Fragen auf …
So hat der Reformator eine „Zwei-Reiche-Lehre“ entworfen,
die kompliziert ist wie die Ordnung oder Unordnung, auf die sie sich bezieht.
Doch im Kern und vor allem in ihrer Wirkung
läuft sie auf den Dualismus hinaus:
hier die Freiheit eines Christenmenschen,
sein Weltreich des Geistes und des Glaubens,
in der festen Burg der Innerlichkeit verschanzt,
dort das äußere Weltgetriebe, in dem es für den Untertan geboten ist,
der Obrigkeit gehorsam zu sein
(„der Fürst, das lebende Abbild der Gottheit auf Erden“, Friedrich II.).
Diese Zweiteilung, wenn man so will diese deutsche Bewusstseinsspaltung,
ist durch die Umstände, die der Reformation folgten,
noch verstärkt und befestigt worden,
zum Beispiel durch die Katastrophe des Dreißigjährigen Krieges.
In ihm sind die Macht und das Selbstbewusstsein des Bürgertums
langfristig zerbrochen worden, und was für die Zukunft blieb,
war neben dem „rein Geistigen“ einzig der Obrigkeitsstaat.

Christian Graf von Krockow

Über Jahrhunderte von den Kanzeln gepredigt
Jedermann sei untertan der Obrigkeit,
die Gewalt über ihn hat;
denn es ist keine Obrigkeit ohne von Gott;
wo aber Obrigkeit ist,
da ist sie von Gott verordnet.

Römer 13, 1

Die Wirkungsgeschichte: ´Ich gehorche, also ist Gott`
Recht und Würde der Obrigkeit ist in der deutschen Geschichte
von keinem Staatsmann und von keinem Philosophen
mit solcher Kraft und aus solch tiefer Begründung erhoben worden,
wie von Dr. Martin Luther. Wenn er sagt:
´Wir sind nicht schuldig, der Obrigkeit um ihretwillen gehorsam zu sein,
sondern um Gottes willen, dessen Kinder wir sind`,
rechtfertigt er die Hoheit der weltlichen Gewalt,
die das Schwert aus Gottes Hand empfangen hat ...

Landesbischof Meiser, 1933

Nicht Bürger, sondern Untertan

Es ziemt dem Untertan,
seinem König und Landesherrn schuldigen Gehorsam zu leisten …
aber es ziemt ihm nicht, die Handlungen des Staatsoberhauptes
an den Maßstab seiner beschränkten Einsicht anzulegen
und sich in dünkelhaftem Übermute
ein öffentliches Urteil über die Rechtmäßigkeit derselben anzumaßen.

Gustav Adolf Rochus von Rochow, 1838
(preußischer Innenminister)

'Preußische Tugenden': Pflicht, Opferbereitschaft, Anständigkeit

Pflichterfüllung war in Preußen das erste und oberste Gebot
und zugleich die Rechtfertigungslehre.
Wer seine Pflicht tat, sündigte nicht, mochte er tun, was er wollte.
Ein zweites Gebot war, gefälligst nicht wehleidig zu sein;
und ein drittes, schon schwächeres, sich gegen seine Mitmenschen –
vielleicht nicht geradezu gut, das wäre übertrieben, aber:
anständig zu verhalten.
Die Pflicht gegenüber dem Staat kam zuerst.
Mit diesem Religionsersatz ließ sich leben,
und sogar ordentlich und anständig leben –
solange der Staat, dem man diente
ordentlich und anständig blieb.

Sebastian Haffner

Die Anfänge des Patriotismus

Das Wort tauchte zum ersten Mal in der Französischen Revolution auf.
Als Anspruch der Bürger, des Dritten Standes, auf die Macht im Staat ...
Patriotismus, das war die anti-feudale Souveränitätserklärung des Volkes,
die Anmeldung des Anspruchs auf den Reichtum der Nation,
der bis dahin von feudalen Herren,
vom Hof und vom Klerus angeeignet wurde.
Der Anspruch auf Freiheit, Gleichheit und Brüderlichkeit.
Freiheit vor der willkürlichen Verhaftung durch die Schergen des Staates,
Freiheit für die öffentliche Diskussion,
Freiheit vor der Unterdrückung der Gedanken durch die Kirche.
Gleichheit vor dem Gesetz, gleiche Stimme jedes Bürgers
in politischen Angelegenheiten, gleiches Recht auf Bildung.
Und Brüderlichkeit – oder modern gesprochen: Solidarität –
wenn es um die Beteiligung am gemeinsamen Erbe,
dem kulturellen und materiellen Reichtum der Nation geht.

Mathias Greffrath

Der Patriotismus der Deutschen

In Deutschland, das noch zersplittert war in hunderte von Kleinstaaten
und Herrschaften, waren Patrioten die Vorkämpfer und die Vorsänger
für ein demokratisch geeintes Deutschland;
ein Volk wollten sie sein, aber unter Recht und Verfassung.
Und deshalb wurden sie verfolgt.
Demokraten, Patrioten, Demagogen –
das waren im Metternichschen Europa Synonyme,
und oft genug noch gleichbedeutend mit: Emigranten.
Von Heinrich Heine, Georg Büchner bis hin zu Ludwig Börne –
die Liste der exilierten Patrioten ist lang und ehrenvoll.
Doch schon in den Gründerjahren des Deutschen Reiches
hatte die nach außen hin aggressive
und im inneren reaktionäre Politik Bismarcks
dem Wort "Patriotismus" längst eine andere Bedeutung gegeben.
Unter der Koalition der Besitzenden
– der Großgrundbesitzer, der reaktionären Teile der Großindustrie
und unter Beteiligung nicht weniger christlicher Ideologen –
wurde Patriotismus vom demokratischen Programm zum Opium,
oder besser zum dünnen Bier der Besitzlosen,
denen die bürgerlichen Rechte verweigert,
und die stattdessen mit Chimären von deutscher Größe abgefüttert wurden.

Mathias Greffrath

Der deutsche patriotische Wahn

Der Patriotismus der Deutschen besteht darin, dass sein Herz enger wird,
dass es sich zusammenzieht wie Leder in der Kälte,
dass er das Fremdländische hasst,
dass er nicht mehr Weltbürger, nicht mehr Europäer,
sondern nur noch enger Deutscher sein will;
es begann die schäbige, plumpe, ungewaschene Opposition
gegen eine Gesinnung, die eben das Herrlichste und Heiligste ist,
was Deutschland hervorgebracht hat, nämlich gegen jene Humanität,
gegen jene allgemeine Menschenverbrüderung,
gegen jenen Kosmopolitismus, den unsere großen Geister,
Lessing, Herder, Schiller, Goethe, Jean Paul,
dem alle Gebildeten in Deutschland immer gehuldigt haben.

Heinrich Heine, 1833

Das Vaterland
ist der Albdruck der Heimat.

Kurt Tucholsky

„Von der Humanität durch Nationalität zur Bestialität“ (Franz Grillparzer)
In dem Streben nach Individualität und Weltbürgertum
lag für viele Idealisten, die zu den größten Geistern deutscher
Sprache gehörten, der tiefere Sinn der deutschen "Nationwerdung".
Daran knüpfte sich die Pflege und Entwicklung des individuellen Ich
als dem eigentlichen Geist-Kern des Menschenwesens.
Die zu einer höheren geistigen Wirklichkeit aufblickende,
ichbewusste Individualität kann demzufolge
in sich den paradoxen Zustand erleben,
dass sie über das Volkstum und die bloße Volkszugehörigkeit hinauswächst
und sich gleichzeitig als Mensch schlechthin,
als universaler Weltbürger und einmalig-individueller Teil
einer brüderlichen Menschheitsgemeinschaft begreift.
Im Verlauf des 19. Jahrhunderts ging jedoch das Verständnis
für das Menschenbild der Goethe-Zeit verloren,
das auf dem Gedanken der Ichwerdung und der Weltgemeinschaft beruhte
(Prinzipien der Aufklärung: Freiheit, Toleranz, Humanität, Weltbürgertum).
Das geistige Vakuum wurde von Anschauungen gefüllt,
die den Menschen aus mechanistischer
und biologistischer Sichtweise beurteilen wollten.
Das Volkstum wurde nun immer häufiger
als sich selbstgenügendes Endziel betrachtet.
An Napoleons Eroberungszügen hatte sich in Mittel-
und Osteuropa ein Nationalismus entzündet,
der das politische Gedankengut der Französischen Revolution assimilierte,
aber daraus eigene Schlüsse zog.
Anders als in Westeuropa wurden östlich des Rheins
Nation und Volkstum gleichbedeutende Begriffe,
denn man verstand den Menschen weniger als ein politisches Wesen,
als den „Citoyen“ einer Gesellschaft von einander gleichgestellten Bürgern,
sondern vielmehr als ein Wesen, das von den Kräften des Blutes,
der Abstammung und der Sprache bestimmt wird.
Der Darwinismus musste für das soziale Leben in Mittel- und Osteuropa
ungleich fatalere Folgen haben als im Westen,
denn hier wurde das alltägliche Durch-
und Miteinander der ethnischen Gruppen
als konkurrierender Überlebenskampf der "Volksrassen" interpretiert.
So versanken die Deutschen schon während des Wilhelminismus
in immer trübere Schichten der ent-ichten, ja ichfeindlichen Volkstümelei,
bis sie als dem "Führer" willenlos ergebene,
herdenhafte "Volksgemeinschaft"
Europa mit Terror und Vernichtung überzogen.

Markus Osterrieder

Der Geist des 'Deutschen Idealismus', Vorboten der Katastrophe?

Die deutsche Revolution
wird darum nicht milder und sanfter ausfallen,
weil ihr die Kantsche Kritik, der Fichtesche Transzendentalidealismus
oder gar die Naturphilosophie vorausging.
Durch diese Doktrinen haben sich revolutionäre Kräfte entwickelt,
die nur des Tages harren, wo sie hervorbrechen
und die Welt mit Entsetzen und Bewunderung erfüllen können.
Es werden Kantianer zum Vorschein kommen,
die auch in der Erscheinungswelt von keiner Pietät etwas wissen wollen
und erbarmungslos, mit Schwert und Beil,
den Boden unseres europäischen Bodens durchwühlen,
um die letzten Wurzeln der Vergangenheit auszurotten.
Es werden bewaffnete Fichteaner auf den Schauplatz treten,
die in ihrem Willensfanatismus weder durch Furcht
noch durch Eigennutz zu bändigen sind;
denn sie leben im Geist, sie trotzen der Materie ...
Doch noch schrecklicher als alles wären Naturphilosophen,
die handelnd eingriffen in die deutsche Revolution
und sich mit dem Zerstörungswerk selbst identifizieren würden.
Denn wenn die Hand des Kantianers stark und sicher zuschlägt,
weil sein Herz von keiner traditionellen Ehrfurcht bewegt wird,
wenn der Fichteaner mutvoll jeder Gefahr trotzt,
weil sie für ihn in der Realität gar nicht existiert:
so wird der Naturphilosoph dadurch furchtbar sein,
dass er mit den ursprünglichen Gewalten der Natur in Verbindung tritt,
dass er die dämonischen Kräfte des altgermanischen Pantheismus
beschwören kann und dass in ihm jene Kampflust erwacht, ...
die nicht kämpft um zu zerstören noch um zu siegen,
sondern bloß um zu kämpfen ...
Lächelt nicht über den Phantasten,
der im Reiche der Erscheinungen dieselbe Revolution erwartet,
die im Gebiete des Geistes stattgefunden.
Der Gedanke geht der Tat voraus, wie der Blitz dem Donner ...
Der deutsche Donner wird kommen und wenn ihr es einst krachen hört,
wie es noch niemals in der Weltgeschichte gekracht hat, so wisst:
der deutsche Donner hat endlich sein Ziel erreicht ...
Es wird ein Stück aufgeführt werden in Deutschland,
wogegen die französische Revolution
wie eine harmlose Idylle erscheinen möchte.

Heinrich Heine, 1834

Geistlose Verirrungen innerhalb der deutschen Geisteswelt
(Für Thomas Mann waren die Nazis Feinde der Republik und des deutschen Geistes. Die Bewegung der Nazis wurde nach seiner Auffassung jedoch von zahlreichen Repräsentanten der deutschen Geisteswelt unterstützt und damit aufgewertet:)
Dazu gehört eine gewisse Phililogen-Ideologie, Germanisten-Romantik
und Nordgläubigkeit aus akademisch-professoraler Sphäre,
die in einem Idiom von mystischem Biedersinn und verstiegener
Abgeschmacktheit mit Vokabeln wie rassisch, völkisch, bündisch, heldisch
auf die Deutschen von 1930 einredet und dieser geistlosen Bewegung
ein Ingrediens von verschwärmter Bildungsbarbarei hinzufügt,
gefährlicher und weltentfremdender,
die Gehirne noch ärger verschwemmend und verklebend
als die Weltfremdheit und politische Romantik,
die uns in den Krieg geführt haben.

Thomas Mann
(Auszug aus der Rede „Deutsche Ansprache, Appell an die Vernunft",
gehalten am 17. Oktober 1930 in Berlin)

Der ´deutsche Geist` und die Weimarer Republik
Innerhalb der deutschen kulturellen Eliten
gab es weitgehende Übereinstimmung darin,
dass die Demokratie den Deutschen ebenso wesensfremd sei
wie die Auffassung von Politik als der Kunst des Möglichen.
Die kunstfremde Kultur des politischen Kompromisses auszubilden
wurde als Schwäche angesehen
(„leere lärmende Zankteufelei", Friedrich Nietzsche).
Viele sahen daher später in der Weimarer Republik und in der Anstrengung,
in Deutschland der Demokratie zum Durchbruch zu verhelfen,
einen Verrat an deutschen Idealen.
Versuche, die parlamentarische Demokratie
als vereinbar mit den Besonderheiten der deutschen Kultur anzusehen,
wurden als Attacken auf den ´deutschen Geist` gebrandmarkt …

Wolf Lepenies

Dieser Staat ist undeutsch
von der Wurzel bis zum Wipfel

Max Wundt, 1920
(Philosoph)

Kommentar unter einem Schüleraufsatz meines Vaters 1935
Ungenügend,
wegen jüdisch-demokratischer Gesinnung.

Vernunftrepublikaner und Demokraten in der Weimarer Zeit
Selbst Intellektuelle, die zu „Vernunftrepublikanern“ geworden waren
und, wenn auch mit Murren,
die Demokratie und die Republik verteidigt hatten,
klagten, dass nunmehr in Deutschland
der Held von der politischen Bühne verschwunden sei.
Geblieben waren die Händler.
Den Repräsentanten des kulturellen Aufbruchs in die Moderne,
der zumindest teilweise von demokratischen Idealen
und liberalen Werten geprägt wurde, hielt man vor,
von der militärischen Niederlage im Weltkrieg
und dem Zusammenbruch des Kaiserreiches zu profitieren.
Dass man, wie Peter Gay in seinem Buch über die Weimarer Kultur schrieb,
„einen Staat in Goethes Stadt gründete,
gab keine Gewähr für einen Staat im Geiste Goethes.
Es garantierte nicht einmal seinen Bestand.“

Wolf Lepenies

Das Ende der Demokratie: Die Selbstentmachtung des Parlaments
Mit dem 'Ermächtigungsgesetz' wurde am 23. März 1933
das deutsche Parlament praktisch aller Rechte enthoben,
die Verfassung damit de facto außer Kraft gesetzt
und drittens der Anschein von Rechtstaatlichkeit gewahrt.
Zunächst stimmte das Zentrum einer Änderung der Geschäftsordnung zu.
Diese ermöglichte es, dass alle 'nicht erschienenen' Abgeordneten
der Kommunisten und der SPD als anwesend gerechnet wurden.
Mit den 444 Stimmen der NSDAP, der DNVP, des katholischen Zentrums
und der kleineren Mittelparteien und gegen die 94 Stimmen der SPD,
deren Abgeordnete sich nicht von den Drohgebärden
der im Reichstag aufmarschierten SA-Horden einschüchtern ließen,
wurde die zwei Drittel Mehrheit erreicht,
die für ein verfassungsänderndes Gesetz notwendig war.
Deutschland war mit seiner Verkündung zu einer Diktatur geworden,
in der mörderische "Führerbefehle" Gesetzeskraft hatten.

nach Wolfgang Benz
(die Mandate der KPD waren auf Basis der Reichstagsbrandverordnung
bereits am 8. März 1933 annulliert worden, alle 81 kommunistischen Abgeordneten
und weitere 26 Sozialdemokraten waren verhaftet worden oder befanden sich auf der Flucht)

Den Teufel spürt das Völkchen nie,
und wenn er sie beim Kragen hätte.

Johann Wolfgang Goethe
(Mephistoles, Faust I)

13. Auschwitz, ein Phänomen der modernen Zivilisation?

Es gibt ja unter allen Völkern der Erde Beispiele genug,
dass durch revolutionäre oder durch kriegerische Verhetzung
aufgepeitschte Leidenschaften zu Unmenschlichkeiten fähig machen.
Das entsetzlich Neue bei unseren Verbrechen
ist nun aber gerade die Leidenschaftslosigkeit,
die kalte, bürokratische, technisch perfekte Massenvernichtung.

Emmi Bonhoeffer

Technik, Rationalität und Mythos im NS-Staat
Die Vernichtungslager waren
durchrationalisierte „Fabriken des Todes",
in denen „ohne Hass" gemäß bürokratischer Richtlinien getötet wurde.
Wer des Todes war und warum,
leitete sich aus einer Ideologie ab, in der die Nazis
– der Technik eine hohe Priorität einräumend –
archaisch-irrationale Mythen
(´Regeneration durch rassische Reinigung`)
mit kühlem Pragmatismus
und instrumentellem Denken verbanden.

Sophia Deeg

Projekt der Moderne
Sowohl der Holocaust als auch die NS-Euthanasie
sind weniger als Rückfall in eine (unbekannte) Barbarei zu sehen,
sondern eher als ein Symptom des „Projektes der Moderne",
der Ausrichtung einer Gesellschaft
nach den alleinigen Prinzipien technischer Rationalität.

Zygmunt Bauman

Der Holocaust wurde inmitten der modernen,
rationalen Gesellschaft konzipiert und durchgeführt,
in einer hochentwickelten Zivilisation
und im Umfeld ungewöhnlicher kultureller Leistungen,
er muss daher als Problem
dieser Gesellschaft, Zivilisation und Kultur gesehen werden.

Zygmunt Bauman

Die Pathologie der Moderne
Die Moderne war hineinverwickelt
durch die wissenschaftliche Erscheinungsform des Rassismus,
die die Vernichtung von unwertem Leben rechtfertigte;
sie war auch präsent durch den bürokratischen Staat,
der für die effiziente Organisation des Tötens sorgte;
und sie wirkte in der Nutzung fortgeschrittener Technik
wie etwa Giftgas an der Durchführung der massenhaften Ausrottung mit.

Konrad H. Jarausch

Im Namen der Wissenschaft: Menschenversuche, Euthanasie
Damals existierte eine enthemmte medizinische Forschung,
die um eines vermeintlich wissenschaftlichen Fortschritts willen
alle ethischen Maßstäbe aufgegeben hat.

Wolfgang Schieder

Die naturwissenschaftliche Denkweise
Es kann wirklich kein Zweifel darüber bestehen,
dass die moralische Anästhesie gegenüber den Leiden
(z.B. der zu Euthanasie u. wissenschaftlichen Experimenten Ausgewählten)
begünstigt war durch die Denkweise einer Medizin,
welche den Menschen betrachtet wie ein chemisches Molekül,
oder einen Frosch,
oder ein Versuchskaninchen.

Viktor von Weizsäcker

Eine notwendige Folge des naturwissenschaftlichen Aufstiegs
Die politischen und militärischen Schrecken
sowie der vollständige Zusammenbruch der Ethik,
deren Zeuge ich während meines Lebens geworden bin,
sind keine Symptome einer vorübergehenden sozialen Schwäche,
sondern eine notwendige Folge des naturwissenschaftlichen Aufstiegs –
der an sich eine der größten intellektuellen Leistungen der Menschheit ist.
Wenn dem so ist, dann ist der Mensch
als freies verantwortliches Wesen am Ende.
Es scheint mir, dass der Versuch der Natur,
auf dieser Erde ein denkendes Wesen hervorzubringen,
gescheitert ist.

Max Born

Was ist passiert,
dass der Begriff der universalen Menschheit und Menschlichkeit
selbst im Herzen der Zivilisation,
wo er seine eindrucksvollste Entwicklung erreicht hatte
in eine so tiefe und radikale Vergessenheit geraten konnte?

Alain Finkelstein

Buchenwald neben Weimar: „Schützt Humanismus denn vor gar nichts?“
Meine ganze Arbeit dreht sich um die vordringliche Frage:
verflechten sich die Wurzeln des Unmenschlichen
mit denen der Hochzivilisation?
Auschwitz kam nicht aus dem Dschungel, nicht aus der Steppe.
Die Barbarei überfiel den modernen Menschen
im Zentrum der Kultur, der Künste, der universellen Bildung
und des naturwissenschaftlichen Wunders.
Nur wenige Kilometer entfernt von einigen der schönsten Museen,
Bibliotheken, Konzertsälen verpestete Dachau die Luft.
Männer, die bei Tage folterten, Kinder erhängten,
lasen abends Rilke, hörten Schubert. Das ist ein ontologisches Rätsel,
das Mysterium des zivilisierten ennui oder des Bösen,
und es stellt für mich die Zukunft des Menschen überhaupt in Frage.
Wenn die humanistischen Wissenschaften nichts zur Humanisierung beitragen,
wenn derselbe Mensch Bach spielen
und das Vilnaer Ghetto in Brand stecken kann,
wo bleibt da die Zivilisation?
Warum erziehen, warum lesen?
Ist es möglich, dass im klassischen Humanismus selbst,
in seiner Neigung zur Abstraktion und zum ästhetischen Werturteil,
ein radikales Versagen angelegt ist?
Kann es sein,
dass Massenmord und jene Gleichgültigkeit gegenüber den Gräueln,
die dem Nazismus Vorschub geleistet hat,
nicht Feinde oder Negationen der Zivilisation sind,
sondern ihr grässlicher, aber natürlicher Komplize?

George Steiner

Auch die kultiviertesten Völker
sind der Barbarei so nahe
wie das blank geschliffene Eisen dem Rost.

Graf Antoine de Rivasol

„Die Patina der Zivilisation ist dünn“ (Karl-Josef Kuschel)
Wahrscheinlich werden wir wieder lernen müssen,
was frühere Jahrhunderte selbstverständlich wussten:
dass Zivilisationen nichts anderes sind
als Zivilisierungen der latenten Gewaltbereitschaft.
Die Gewalt ist nicht Ersatz für irgendetwas, sondern umgekehrt:
Die Zivilisation, wenn sie denn gelingt, vermag die Gewalt zu ´ersetzen`,
die stets im seelischen und gesellschaftlichen Untergrund lauert.
Zivilisationen sind Versuche, das Böse zu domestizieren,
und Freud hat immer davor gewarnt,
die Verlässlichkeit der Sicherungen zu überschätzen.
Über die Orgie des Tötens
und der Zerstörung im Ersten Weltkrieg schrieb er:
´In Wirklichkeit sind sie (die Menschen) nicht so tief gesunken,
wie wir fürchten, weil sie gar nicht so hoch gestiegen waren,
wie wir`s von ihnen glaubten.`
Wir müssen mit der Wiederkehr des Bösen, mit der Entsublimierung
des in der Zivilisation gebundenen Gewaltpotentials rechnen,
und dies umso mehr,
weil die imaginäre Welt der Medien uns bereits alltäglich
in ein Universum vollkommener Enthemmung versetzt.
Eröffnet eine Gesellschaft Chancen für die Freisetzung der ´bösen Gelüste`,
so wird man erleben, sagt Freud,
dass die Menschen Taten begehen
von ´Grausamkeit, Tücke, Verrat und Rohheit,
deren Möglichkeit man mit ihrem kulturellen Niveau
für unvereinbar gehalten hätte.`

Rüdiger Safranski

„Sich in seinem Menschsein verunsichern lassen“
Jede Gesellschaft, jeder Mensch
kann aus jeder zivilisatorischen Höhe zum Nullpunkt hinabstürzen.
Heute kann Misstrauen gegen die Deutschen nur heißen:
Misstrauen gegen uns selbst,
jeder auch gegen sich.

Bernd Ulrich

Wir lernen aus unserer eigenen Geschichte,
wozu der Mensch fähig ist.

Richard von Weizsäcker

14. Sozialpsychologische Deutungen

Kollektive Verblendung
Auch wir sind von jener Blindheit befallen,
die an Macht gekoppelt ist.
Ameisengleich gehen wir in jedes Feuer, jedes Wasser,
nur um nicht erkennen zu müssen.

Christa Wolf

Macht und Dummheit
Bei genauerem Zusehen zeigt sich,
dass jede starke äußere Machtentfaltung,
sei sie politischer, wirtschaftlicher oder religiöser Art,
einen großen Teil der Menschheit mit Dummheit schlägt.
Die Macht der einen braucht die Dummheit der anderen.
Aber es ist gerade hier auch ganz deutlich,
dass nicht ein Akt der Belehrung die Dummheit überwinden könnte.
Dabei wird man sich damit abfinden müssen, dass eine echte innere Befreiung
in den allermeisten Fällen erst möglich wird,
nachdem die äußere Befreiung vorangegangen ist.

Dietrich Bonhoeffer

„Ideologische Umhüllung" (John F. Hull)
Mehr als neunzig Prozent dessen, was wir zu wissen glauben, vermuten wir nur.
Diese Vermutungen verkauft uns unser Gehirn als Realität.
Dummheit ist aber nicht die Folge unseres Unwissens.
Dummheit ist es, seine neunzig Prozent Ahnungen und Illusionen
als reales Wissen zu behaupten ohne jeden Zweifel.
Gefährlich wird die Dummheit, wenn diese Lebenslüge
– zur Philosophie erklärt –
für eine gesamte gesellschaftliche Schicht Statuscharakter erhält.

Eckehard Dennewitz

Dummheit macht sich unsichtbar,
indem sie riesengroße Ausmaße annimmt.

Spruch an einer Wand der Hamburger Universität

Wir dürfen uns weder von der Macht der anderen
noch von der eigenen Ohnmacht
dumm machen lassen.

Theodor W. Adorno

Der anthropologische Bodensatz des Bösen
Aller Fortschritte der Aufklärung zum Trotz
hat auch der „Kulturmensch"
eine als instinkthaft zu bezeichnende Unterwerfungsbereitschaft,
die seine moralische Autonomie zerstört.

Horst-Eberhard Richter

Psychische Indoktrinierbarkeit
Die Bereitschaft sich moralisch korrumpieren zu lassen,
ist weiter verbreitet, als man sich das eingestehen will.
Jeder hat mehr oder weniger die Neigung,
sich einer Achtung gebietenden Autorität bereitwillig zu unterwerfen.
Diese vollständige Abtretung der Eigenverantwortung
ist eine schuldhafte Selbstentmündigung.

Horst-Eberhard Richter

Der Einzelne und die Gruppe: „Das Hurra hinter der Fahne"
Die absolute Unterwerfung unter die Gesetze einer Gruppe
gibt seltsamerweise ein enormes Freiheitsgefühl,
das allerdings außerordentlich gefährlich ist.

Rupert Riedl

Ein Vorurteil: „Das Alibi des schwachen Ich" (Änne Ostermann)
Der Gewinn, den ein geteiltes Vorurteil abwirft, liegt darin,
dass wir in konformem Verhalten mit der Gruppe
auch ihre spezifischen Erleichterungen mit genießen dürfen.
Wir dürfen mit den Wölfen heulen,
wir dürfen nach Vorurteilen agieren, mithandeln
und unsere eigene innere Triebspannung damit erleichtern.
Die Ablenkung dieser Triebspannung nach außen auf Minoritätsgruppen
ist gleichsam der ökonomische Trick
zur Erhaltung des Gruppengleichgewichts.

Alexander Mitscherlich

Der soziale Charakter des Bösen
Grausamkeit korreliert mit bestimmten Formen sozialer Interaktion
weit mehr als mit Persönlichkeitsmerkmalen
oder individueller Veranlagungen der Täter …
In einem sozialen Kontext,
der moralische Maßstäbe entkräftet und Unmenschlichkeit legitimiert,
wird es auch Menschen geben, die grausam sind.

Zygmunt Bauman

Autoritätsgehorsam
Der Gehorsam ist aufs tiefste verwurzelt in dem Prozess,
der zur Entfremdung des Eigenen führt ...

Arno Gruen

´das Milgram-Experiment`
Etwas Gefährlicheres kommt ans Licht:
die Fähigkeit des Menschen seine Menschlichkeit abzustreifen,
wenn er seine individuelle Persönlichkeit
mit übergeordneten Strukturen verbindet.
Die Tugenden der Loyalität, der Disziplin und der Selbstaufopferung,
die wir am Einzelnen so schätzen,
sind genau die Eigenschaften, die eine organisierte Kriegs-
und Vernichtungsmaschinerie schaffen
und Menschen an bösartige Autoritätssysteme binden.

Stanley Milgram

´Ich habe nur meine Pflicht getan`
... Pflichtgefühl, Berechenbarkeit,
Machbarkeit, Standhaftigkeit.
Das sind Sekundärtugenden.
Ganz präzis gesagt:
Damit kann man auch ein KZ betreiben.

Oskar Lafontaine

Es handelt sich hier um so genannte Sekundärtugenden,
die schweigen, wenn man sie danach befragt,
wofür sie eingesetzt werden sollen ...
Von vorgeordneten Sinnzielen abgekoppelt
und zum Selbstzweck erhoben,
geraten sie in einen verheerenden Leerlauf,
der am Ende womöglich die Zerstörung zum Ziel macht.

Christian Graf von Krockow

Kadavergehorsam
... und dann marschieren prompt
die Dämonen der Tugend auf:
Demut, Disziplin, Drill,
Ängstlichkeit, Hörigkeit, Unterwürfigkeit.

Franz Schandl

Verzerrende Kollektivvorstellungen
Einen Wahn aus der Vergangenheit, einen abgelegten, erledigten,
durchschaut und verurteilt man leicht.
Aber man sollte sich klar sein,
dass auch fast jede Gegenwart
von solchen verzerrenden Kollektivvorstellungen beherrscht ist.
Fast niemand merkt es,
weil nur die wenigsten imstande sind,
sich aus dem allgemeinen Sog herauszuhalten.

Salcia Landmann

Sehen, was wirklich ist
Wir bilden uns viel darauf ein, rational und realistisch zu sein.
Tatsache ist jedoch, dass alltägliche Verleugnungen
´normale` Bestandteile unserer Kultur sind.
Der Wahrheit ins Auge zu sehen, fällt uns generell schwer.
Wir sind alle gefangen in der Angst,
zu sehen, was wirklich ist ...
Es stimmt jedoch hoffnungsvoll, dass es Menschen gibt,
die sich zumindest zum Teil befreien können.

Arno Gruen

Radikale Autonomie
Nichts ist schwerer
und nichts fordert mehr Charakter,
als sich im offenen Gegensatz zu seiner Zeit zu befinden
und laut zu sagen:
Nein.

Kurt Tucholsky

Wenn alle es tun,
ich nicht.

Petrus, Ölberg-Szene frei nach Matthäus
(doch noch in derselben Nacht verriet Petrus dreimal seinen Herrn;
für uns heute eine ständige Mahnung an die Schwäche des Menschen)

Mangelnde Zivilcourage, sozialpsychologische Erklärungen
In anonymem, flüchtigen Alltagssituationen,
in denen Einsatz für andere gefragt ist, unterliegen wir
– besonders in unstrukturierten Gruppen – Einflussfaktoren,
die uns zu ´non-helping bystanders`, zu Gaffern machen.
Diese soziale Hemmung gründet ihrerseits
und verstärkt sogleich eine **Diffusion der Verantwortung**,
wobei sich die Verantwortlichkeit exponentiell
mit der Zahl der Anwesenden (die sich nicht kennen) verflüchtigt.
Hinzu kommt gerade in Konkurrenzgesellschaften
eine **Bewertungsangst**: in der Öffentlichkeit zu agieren
– mit dem Risiko, sich zu blamieren und sich in ungesicherten
Situationen mit offenem Ausgang aus der Deckung zu wagen –
ruft Vermeidungstendenzen hervor ...
Ein weiteres Moment hindert uns oft daran, mutig anderen zu helfen:
unsere **Selbstbezogenheit**, die durch Alltagsstress
und negative subjektive Stimmungslagen oft verstärkt wird ...
Welche Rolle **Autoritätsgehorsam** in der Verweigerung
von Mitgefühl spielt, sehen wir im Milgram-Experiment:
hier zeigt sich eine Bereitschaft, im Gehorsam gegenüber einer (pseudo-)
wissenschaftlichen Autorität einen Menschen zu quälen, ja zu töten ...
Als psychologische Abwehrmechanismen,
die wir gegen sachlich gebotenes Handeln aufrichten,
treten bei Stress zusätzlich **Wahrnehmungsbarrieren**
(sie ´ver-rücken` Dinge und uns selbst),
Bewertungsbarrieren (sie unterschätzen eigene Möglichkeiten,
aber auch die Konsequenzen eigenen Unterlassens) sowie
Gefühlsbarrieren (Angstüberflutung erzeugt narzisstische Kränkung) auf.
Bevorzugtes Mittel, diese ´Inkontingenz zwischen eigentlichem Wissen
und tatsächlichem Handeln` (kognitive Dissonanz) zu beschwichtigen,
ist dabei die Flucht ins Leugnen ...

´Erziehung zur Demokratie`
Als Ziel einer demokratischen Erziehung muss daher
– neben einer ´gefühlseinschließenden Wissensvermittlung`
(Vorurteile abbauen, ´die Dinge klären`) –
eine Stärkung der Subjekte als das Eigentliche
und zugleich Schwierigste angestrebt werden.

Peter Krahulec

´Erziehung zur Zivilcourage`
Die Courage jeder Generation
entscheidet über unsere Zivilisation neu.

Richard von Weizsäcker

´Erziehung zur Menschlichkeit`
(Der Direktor eines amerikanischen Lyzeums pflegte zu Beginn eines jeden Schuljahres an die Lehrer seiner Schule folgendes zu schreiben:)

Lieber Kollege, ich habe das Konzentrationslager überlebt.
Meine Augen haben gesehen, was kein Mensch je sehen sollte:
Gaskammern, von gebildeten Ingenieuren erbaut,
Kinder, von Ärzten vergiftet, die wussten, was sie taten,
Säuglinge, von erfahrenen Pflegerinnen getötet,
Frauen und Kinder, von Menschen getötet und verbrannt,
die das Abitur bestanden und die Universität abgeschlossen hatten.
Deshalb misstraue ich der Bildung. Mein Anliegen ist:
Helft euren Schülern, Menschen zu werden.
Das Ergebnis eurer Mühen dürfen nicht wohlerzogene Monster sein,
qualifizierte Psychopathen, gebildete Eichmanns.
Lesen, Schreiben, Rechnen sind unwichtig, wenn sie nicht dazu dienen,
unsere Kinder zu mehr Menschlichkeit hinzuführen.

der Direktor

´Erziehung zur Freiheit`

Erziehung und Bildung kann niemals neutral sein.
Entweder sie ist ein Instrument zur Befreiung des Menschen,
oder sie ist ein Instrument seiner Domestizierung und Entfremdung,
seiner Abrichtung für die Unterdrückung.

Paulo Freire

Kleiner Exkurs: ´Erziehung zur humanen Sprache`

Die Sprache formt die Gedanken, weil wir in vorgegebenen,
uns vertrauten Begriffen zu denken gelernt haben.
Ihr Gebrauch verändert das Bewusstsein und somit auch das Handeln.
Die Wörter dienen jedoch oft auch zur Verschleierung der Gedanken,
und zur Verzerrung der Wirklichkeit.

nach Oskar Lafontaine

„Worte können sein wie winzige Arsendosen" (Victor Klemperer)

Wir sollten hellhörig auf die leisen Anzeichen
von Sprachentstellungen achten.
Nicht selten kündigen sich darin
die schlimmsten Grausamkeiten an.

Amos Oz

(NS-Beispiele: **´Judenfrage`:** Verjudung, Menschenmaterial, Sonderbehandlung, Endlösung, heutige Beispiele: **Sozialpolitik**: Ballastexistenzen, sozial verträgliches Frühableben, **Ökonomie:** Humankapital, Herodesprämie, unrentable Völker, **Militär:** Kollateralschäden, Elimination von Wärmequellen, **Naturwissenschaften:** Demenzepidemie, Genomhygiene)

15. Sehnsucht nach Versöhnung und Erlösung

Versöhnung?
Wer soll wem vergeben? Wer hat das Recht zur Versöhnung?
Wer hat die Macht zur Versöhnung,
und wer soll wem Versöhnung bieten,
da die heutige Generation ja gar keine Schuld aufzuweisen hat.
Versöhnung wird oft gefordert,
wo eigenes Schuldbewusstsein nicht aufgearbeitet ist.

Ernst Ludwig Ehrlich

Die Grenze ist wie eine offene Wunde
Es ist die einstmals tödliche und seither „auf ewig" gestellte Grenze
zwischen den jüdischen Opfern und ihren Nachkommen
und den Angehörigen und Nachkommen des „Tätervolkes" …
Es ist heute die bisweilen schmerzliche Grenze
im Bewusstsein vieler Menschen auf beiden Seiten dieser Grenze,
dass keines der gigantischen Verbrechen ungeschehen gemacht werden kann
und man daher für alle Zeiten
unweigerlich einem der beiden Lager angehören wird.
Die Grenze ist auch deshalb so absolut,
weil hinter ihr die 6 Millionen ermordeter Juden liegen,
… und so auf ewig die spezifische Differenz symbolisieren.
Die Grenze ist wie eine offene Wunde, die auch dann noch nicht verheilt,
wenn der letzte Überlebende der Shoah gestorben sein wird.
Im künftigen Umgang mit dieser Grenze
kann man eine der durchaus offenen „deutschen Fragen" sehen.

Erhard Roy Wiehn

Trauerndes Erinnern
Das Geschehen Auschwitz
überlagert all mein politisches Denken und Handeln
und begründet – oft unbewusst – eine Trauer,
die sich nicht verdrängen lässt.
Dieser Zusammenhang ist mir heute klarer als vor fünfzig Jahren:
Das dunkelste Kapitel unserer Geschichte ist nur durch trauerndes Erinnern,
das heißt im kongruenten Denken und Handeln verkraftbar.
Die Jahrtausende alte jüdische Weisheit, dass
Erinnerung das Geheimnis befreiender Entlastung ist,
Vergessen jedoch das Exil verlängert,
bewahrheitet sich im Umgang mit dieser unserer schwersten Erblast.

Hildegard Hamm-Brücher

„Das Geheimnis der Versöhnung ist die Erinnerung“ (Yad Vashem)
Im Angesicht des Volkes Israel
verneige ich mich in Demut vor den Ermordeten,
die keine Gräber haben, an denen ich sie um Vergebung bitten könnte.
Ich bitte um Vergebung für das, was Deutsche getan haben,
für mich und meine Generation,
um unserer Kinder und Kindeskinder willen,
deren Zukunft ich an der Seite der Kinder Israels sehen möchte ...
Es gibt kein Leben ohne Erinnerung.
Das Schicksal der nachwachsenden Generationen
verbindet sich immer mit dem der Toten ...
Auch wir Deutschen werden in alle Zukunft begleitet werden:
von den Bildern der Morde, die Deutsche zu verantworten haben.
Deutsche und Israelis sind in dieser Erinnerung untrennbar verbunden.
Die persönliche Schuld mag der Täter mit ins Grab nehmen.
Die Folgen seiner Schuld,
die die Grundlagen menschlicher Sittlichkeit erschüttert hat,
tragen die nach ihm kommenden Generationen.
Lange vor der Shoah war solches Wissen in den gemeinsamen
Traditionen der jüdischen und der christlichen Religion verankert;
es war auch Grundbestand abendländischer Ethik.
Heute sorgen wir uns darum,
wie die Nachgeborenen mit der Schuld ihrer Väter umgehen werden.
Wir müssen unseren Kindern diese Zusammenhänge immer wieder erklären.
Darum ist die Schärfung des historischen Bewusstseins eine der wichtigsten
politischen und kulturellen Aufgaben im deutsch-israelischen Verhältnis ...
Wenn die Zeitzeugen gestorben sind,
muss das Wissen sicher in die Hände der Jugend übergeben worden sein.
Das sind wir auch denjenigen Deutschen schuldig,
die sich damals, als es darauf ankam, gerecht verhalten haben.
Oft wird gefragt, ob es für Deutsche und Israelis
angesichts der Vergangenheit Normalität geben kann.
So undifferenziert gestellt, kann ich diese Frage nur mit "nein" beantworten.
Das Verhältnis zwischen unseren Ländern wird für immer ein besonderes sein.
... Gedenken wäre eine leere Hülse,
wenn es nicht begleitet würde von verantwortlichem Handeln.
Zu diesem aktiven Gedenken
gehört auch unsere Mitverantwortung für das Land,
das den Überlebenden der Shoah die ersehnte Heimstätte gegeben hat.
Die Mitverantwortung für Israel ist ein Grundgesetz deutscher Außenpolitik
seit der Gründung unseres Staates.

Johannes Rau
(Auszug aus der Ansprache von Bundespräsident Johannes Rau
am 16. Februar 2000 vor der Knesset in Jerusalem)

Die Toten in die Arbeit unseres Lebens einbeziehen
Man kann einwenden, dass in diesen Gedanken
auch noch die Toten für die Lebenden „verwertet werden".
Sie sollen uns helfen, sie sollen uns ändern.
Das trifft wohl zu – aber ist ein anderes Verhältnis denkbar?
Hat nicht alles Andenken, alles Beten für sie ... diesen Charakter,
dass wir die Toten brauchen im doppelten Sinn von:
ihrer bedürfen und von ihnen Gebrauch machen?
Sie sind uns entrückt und diesem Gebrauch gegenüber wehrlos;
aber es gibt keine andere Möglichkeit für uns sie zu lieben,
als dass wir sie in die Arbeit unseres Lebens einbeziehen.
Es gibt keine andere Möglichkeit
– und vielleicht bezeichnet das eine im Leben nicht aufhebbare Schuld,
die wir ihnen gegenüber haben –,
als von ihnen zu zehren.

Dorothee Sölle

Die traumatisierte jüdische Seite
Wir alle tragen die Narben der Zeit
in unserer Seele.

Albert Friedländer

Der Graben, der sich hier auftut
– ´ergriffene Selbsthistorisierung` auf der einen, der deutschen Seite,
fortdauerndes Trauma und Erbitterung auf der jüdischen –
wirkt wie eine grausame Naturnotwendigkeit:
Täter, selbst wenn sie besiegt und verletzt wurden,
gesunden leichter und schneller als Opfer;
und diese empörende Asymmetrie
zählt immer noch zu den Folgen der bösen Tat.

Gustav Seibt

´Heilloses` Erinnern?
Der Abgrund lässt sich nicht füllen;
jede Welt gehört letzten Endes nur sich selbst an
und weiß nur von sich selbst.

Ernst Cassirer

Wir sehen jetzt,
dass der Abgrund der Geschichte
groß genug ist für alle.

Paul Valéry

Die deutsche Geschichte ist nicht zu retten
Die erschreckende Wahrheit der deutschen Geschichte ist,
dass ihre Extreme schon deshalb nicht
vom allgemeinen Gang seiner Geschichte zu trennen sind,
weil Unschuld und Mittäterschaft
aufs Engste miteinander verflochten sind.
Die deutsche Geschichte ist weder im Ganzen
noch im Einzelnen zu retten,
so als könne ein erlösendes Moment verteidigt
und dann nach der Niederlage in einem wundersamen Prozess
der Selbstreinigung wiederhergestellt werden.
Es gibt in dieser Geschichte
keinen Ort der Erlösung oder der Transzendenz.

Konrad H. Jarausch

Der gebrochene Charakter der Vergangenheit
Die Deutschen haben sich selbst in eine mörderische Vergangenheit
hineingebracht und wieder herausgebracht,
letzteres nicht ohne fremde Hilfe, aber durch eigenes Denken und Handeln.
Es ist die Geschichte eines verheerenden
und mutwilligen Zerschlagens von Zivilität,
einer beispiellosen Zerstörung von Banden menschlicher Solidarität,
von unsäglichen kollektiven Verbrechen,
die man in der modernen Zeit nicht für möglich hielt.
Zugleich ist es aber auch ein Zeugnis des verzweifelten Bemühens,
aus der sich selbst zugefügten Katastrophe des Tötens und Mordens
zu lernen und ein besseres Gemeinwesen wieder aufzubauen,
das auf einer gerechteren Gesellschaftsordnung
und einer friedlicheren Außenpolitik beruht.
Wir sehen Menschen und Institutionen auf beiden Seiten der Kluft,
die zuerst in Hass und Vorurteil verfallen
und dann hochmütig leugnen, dass es das je gegeben hat,
und die sich dennoch aufraffen, sich zu verändern beginnen
und sich auf die Suche nach einer verträglichen Gegenwart machen.
Wenn dies ein „deutsches Jahrhundert" war, dann nicht,
weil die Deutschen „es geschafft" haben,
wie uns eine gewisse Hagiographie weismachen will,
sondern weil dieser Kampf auf Leben und Tod
um das, was eine humane Gemeinschaft ausmacht,
die Fehlbarkeit und die Zerbrechlichkeit der modernen Gesellschaft
offen legt.

Konrad H. Jarausch

16. Verantwortung für Freiheit und Demokratie

Jede Gesellschaft tut gut daran, für Selbstaufklärung zu sorgen:
Erst in der Konfrontation mit ihrer vielfach verdrängten
oder geschönten Realität
erhält sie die Chance, sich dem Ausmaß der Verwirklichung
ihrer grundlegenden Wertvorstellungen zu vergewissern.

Wilhelm Heitmeyer

Der Ablauf von 50 Jahren seit dem Ende des NS-Regimes
kann nicht Ende des Erinnerns heißen. Was wir brauchen
ist eine Form des Gedenkens, die zuverlässig in die Zukunft wirkt.
Wir brauchen eine Form der lebendigen Erinnerung
(„erkennendes Erschrecken", Salomon Korn).
Sie muss Trauer über Leid und Verlust zum Ausdruck bringen,
aber sie muss auch zur steten Wachsamkeit,
zum Kampf gegen Wiederholungen ermutigen.
Für mich ist alles richtig, was unseren Kindern und Kindeskindern
ihre Verantwortung für Demokratie, für die Freiheit
und Menschenwürde in die Herzen gräbt.

Roman Herzog

Personale Freiheit und freiheitliche Politik
Die normative Entscheidung für die menschliche Freiheit
gründet sich in der philosophisch-anthropologischen Prämisse,
dass Menschen – universal und überhistorisch –
für die sinnvolle Gestaltung ihres individuellen wie ihres Zusammenlebens
darauf angelegt und angewiesen sind, ihre Freiheit zu wählen
und dies auch für ihre Mitmenschen so wollen
– also nicht nur „zähneknirschend" zugestehen – müssen.
Die unüberwindbare Gefährdung des Menschen,
seine Freiheit zu missbrauchen
(nicht gefeit gegen das Böse oder eindeutig bestimmt für das Gute),
gehört als Kehrseite zu dieser anthropologischen Prämisse.
So dürfen wir Politik niemals machiavellistisch
als indifferente Kunst im Sinne des „Principe" begreifen,
welche die Herrschaftsmacht
auch auf Kosten der individuellen Freiheit ausübt,
sondern wir müssen Politik als Institutionengefüge,
als Kunst und Kultur verstehen,
die dem freiheitlichen Zusammenleben von Menschen dienen.

nach Gesine Schwan

Des Menschen Sinn für Gerechtigkeit
macht Demokratie möglich,
seine Neigung zur Ungerechtigkeit
macht Demokratie notwendig.

Reinhold Niebuhr

Offene plurale demokratische Gesellschaft
Es bleibt eine ständige Aufgabe,
auf die Gefährdung des demokratischen Verfassungsstaates hinzuweisen
sowie positiv die Validität von Menschenrechten,
Grundrechten, Gewaltenteilung, Rechtstaatlichkeit
und eines weitgehend autonomen Kulturbereiches
in demokratischen Gesellschaften zu affimieren.
Ein breites Augenmerk ist darauf zu richten,
dass die Gesellschaft eine „offene" bleibt und ein Klima herrscht,
in dem ein plurales Meinungs-, Weltdeutungs-
und Wertespektrum selbstverständlich ist.
Die Freiheit der Bildung, Kunst, Erziehung, Kultur,
Wissenschaft und Forschung
gelten als Gradmesser für eine offene Gesellschaft.
Je unabhängiger sie von staatlicher und wirtschaftlicher Beeinflussung
Gestaltungskraft entfalten können,
umso freier können Menschen ihr Leben einrichten.

Gerhard Besier

Wehret den Anfängen
So gilt heute,
dass wir jeder Politik gegenüber Widerstand leisten,
die die Erzeugung von Angst
und die damit einhergehende Einschränkung von Freiheit,
zum heimlichen oder offenen Motiv ihrer Entscheidungen macht.

Hans Erler

´Der Spuk` der Fremdenfeindlichkeit und des Antisemitismus
In einer Demokratie wird die Gesittung durch das Verhalten
und die Wachsamkeit der Mehrheit gesichert.
Wenn diese nicht weiß, wie man das macht,
wenn sie gelähmt abwartet,
ob der Spuk nicht alleine vorbeigeht,
ist die Demokratie schon verloren.

Hartmut von Hentig

Zivilgesellschaftliches Engagement
Der freiheitliche, säkularisierte Staat
lebt von Voraussetzungen,
die er selbst nicht garantieren kann.

Ernst-Wolfgang Böckenförde

Gründe
Weil das alles nicht hilft.
Sie tun ja doch was sie wollen.

Weil ich mir nicht nochmals
die Finger verbrennen will.

Weil man nur lachen wird:
Auf dich haben sie gewartet.

Und warum immer ich?
Keiner wird es mir danken.

Weil da niemand mehr durchsieht
sondern höchstens noch mehr kaputtgeht.

Weil jedes Schlechte
vielleicht auch sein Gutes hat.

Weil es Sache des Standpunktes ist
und überhaupt wem soll man glauben?

Weil auch bei den anderen nur
mit Wasser gekocht wird.

Weil ich das lieber
Berufeneren überlasse.

Weil man nie weiß
wie einem das schaden kann.

Weil sich die Mühe nicht lohnt
weil sie das alle gar nicht wert sind.

Das sind die Todesursachen
zu schreiben auf unsere Gräber,

die nicht gegraben werden,
wenn das die Ursachen sind.

Erich Fried

Gelesen auf einem jüdischen Friedhof in Berlin
Wenn Du hier stehst dann schweige.
Aber wenn Du Dich wendest,
schweige nicht!

Unsere Gesellschaft
ist dringend angewiesen auf
´nachwachsende Demokratinnen und Demokraten`.

Wolfgang Thierse

„Das Wagnis der Öffentlichkeit" (Karl Jaspers)
Gewonnen wird die Humanität nie in der Einsamkeit
und nie dadurch,
dass einer sein Werk der Öffentlichkeit übergibt.
Nur wer sein Leben und seine Person
mit in das Wagnis der Öffentlichkeit nimmt,
kann sie erreichen.

Hannah Arendt

Je mehr Bürger mit Zivilcourage ein Land hat,
desto weniger Helden
wird es einmal brauchen.

Franca Magnani

Never whisper
in the presence of the wrong.

Prof. Bernard Lown
(US-Mediziner und Mitbegründer des IPPNW)

17. Zeittafel der nationalsozialistischen Judenverfolgung

1933

30.1.: Adolf Hitler wird Reichskanzler – vertritt einen radikalen Antisemitismus.
Februar - März: Zahlreiche Gewaltakte von NSDAP-Mitgliedern und SA-Angehörigen gegen einzelne Juden und jüdische Geschäfte.
März: Errichtung der beiden ersten "offiziellen" Konzentrationslager Dachau und Oranienburg.
1. - 3.4.: Reichsweiter Boykott jüdischer Geschäfte.
7.4.: "Gesetz zur Wiederherstellung des Berufsbeamtentums" verfügt die Zwangspensionierung der Beamten jüdischer Herkunft.
25.4.: "Gesetz gegen die Überfüllung von deutschen Schulen und Hochschulen" begrenzt den Anteil jüdischer Schüler und Studenten auf 1,5%.
14.7.: "Gesetz über den Widerruf von Einbürgerungen und die Aberkennung der deutschen Staatsangehörigkeit" gegen die "Ostjuden".
29.9.: "Reichserbhofgesetz" verlangt von Erbhofbauern den Nachweis "arischer" Abstammung seit 1800.
4.10.: "Schriftleitergesetz" schließt deutsche Juden aus der Presse aus.

1934

5.2.: Prüfungsordnung für Ärzte und Zahnärzte schließt deutschjüdische Studenten vom Examen aus.
22.7.: Prüfungsordnung für Juristen lässt deutschjüdische Studenten nicht mehr zur Prüfung zu.
8.12.: Deutschjüdische Studenten der Pharmazie nicht mehr zum Examen zugelassen.

1935

21.5.: Das Wehrgesetz schließt die deutschen Juden grundsätzlich vom Wehrdienst aus.
Frühjahr - Sommer: Vielfältige Gewaltakte von Partei- und SA-Trupps gegen Juden und jüdische Geschäfte, sowie Boykottaktionen.
16.7.: Reichsinnenminister Frick weist Standesbeamte an, nicht mehr bei "Rassenmischehen" mitzuwirken.
15.9.: "Reichsbürgergesetz" nimmt den deutschen Juden alle staatsbürgerlichen Rechte, das "Gesetz zum Schutz des deutschen Blutes und der deutschen Ehre" macht Eheschließungen und außereheliche sexuelle Beziehungen zwischen Juden und sogenannten "Deutschblütigen" zu Verbrechen. Beide Gesetze werden als "Nürnberger Gesetze" bezeichnet, da sie auf dem Nürnberger Parteitag verkündet werden.
14.11.: Erste Verordnung zum "Reichsbürgergesetz"; Juden werden nun ohne Ausnahme aus dem Staatsdienst wie aus allen sonstigen öffentlichen Ämtern entfernt.

1936

11.1.: Juden nicht mehr als Steuerhelfer zugelassen.
24.3.: Keine Beihilfe mehr für kinderreiche jüdische Familien.
26.3.: Juden dürfen nicht mehr Leiter oder Pächter eine Apotheke sein.
15.4.: Reichspressekammer verlangt von Mitgliedern Nachweis "arischer" Abstammung.
26.5.: Reichskammer der bildenden Künste verlangt von Mitgliedern Nachweis "arischer" Abstammung.
15.10.: Jüdische Lehrer dürfen keinen Privatunterricht an "Deutschblütige" erteilen.

1937

15.4.: Juden können Doktorwürde nicht mehr erlangen.
12.6.: Geheimerlass des Chefs der Sicherheitspolizei Heydrich: "jüdische Rassenschänder" sind nach Verbüßung ihrer Gefängnisstrafe in ein Konzentrationslager einzuweisen, ebenso die jüdische Partnerin einer "rassenschänderischen Beziehung".
8.9.: Juden werden nicht mehr als Kassenärzte zugelassen.

1938

März: Wochenlanger judenfeindlicher Terror nach dem "Anschluss" in Österreich, dazu erzwungene "Arisierung" vieler jüdischen Betriebe und Vertreibung zahlreicher Juden in Nachbarländer.
Frühjahr: Im ganzen Reichsgebiete judenfeindliche Terrorakte von NSDAP und SA unter der Parole "Juden raus aus der Wirtschaft".
26.4.: Alle "jüdischen" Vermögen über 5.000 Reichsmark müssen angemeldet werden. Der "Beauftragte für den Vierjahresplan" kann "Einsatz" der Vermögen im "Einklang mit den Belangen der deutschen Wirtschaft" verfügen.
9.6.: Zerstörung der Synagoge in München.
15.6.: Etwa 1.500 Juden festgenommen und in Konzentrationslager verbracht: so genannte Juni-Aktion gegen "Asoziale".
23.7.: Juden erhalten besondere Kennkarten.
25.7.: Jüdische Ärzte dürfen nur noch jüdische Patienten behandeln.
10.8.: Zerstörung der Synagoge in Nürnberg.
17.8.: Juden müssen die zusätzlichen Vornamen Sara bzw. Israel annehmen.
27.9.: Jüdische Rechtsanwälte dürfen nur noch für jüdische Klienten tätig werden.
5.10.: Reisepässe von Juden müssen mit einem großen roten "J" versehen werden.
26. - 28.10.: 17.000 Juden polnischer Staatsangehörigkeit werden aus dem Deutschen Reich ausgewiesen und an die deutsch-polnische Grenze transportiert.

7.11.: Der Jude Herschel Grünspan verübt in der deutschen Botschaft in Paris ein Attentat auf den Legationssekretär Ernst vom Rath.
8. - 13.11.: Judenfeindliche Terrorakte, die von Hitler und Goebbels am Abend des. 9.11. zu einem reichsweiten Massenpogrom, der "Reichskristallnacht", ausgeweitet werden.
12.11.: Den deutschen Juden wird eine "Sühneleistung" von einer Milliarde Reichsmark auferlegt. Beginn der "Ausschaltung aus der Wirtschaft", die zwangsweise "Arisierung" der jüdischen Betriebe verfügt und sonstiges jüdisches Vermögen konfisziert.

1939

24.1.: Der Beauftragte für den Vierjahresplan Göring, weist Reichsinnenminister Frick an, eine Reichszentrale für die jüdische Auswanderung ins Leben zu rufen - geleitet von vom Chef der Sicherheitspolizei Heydrich.
30.1.: Hitler prophezeit im Reichstag für den Kriegsfall die "Vernichtung der jüdischen Rasse in Europa".
20.9.: Juden müssen Radios abliefern.
21.9.: Heydrich-Erlass markiert den Beginn der Konzentrierung und Ghettoisierung der polnischen Juden; darin ist von einem "Endziel" die Rede, welches längere Fristen beanspruche und "streng geheim" zu halten sei.
September - November: "Einsatzgruppen der Sicherheitspolizei" und andere NS-Formationen ermorden zahlreiche Juden.
24.10.: In Wlocalawec verfügen deutsche Besatzungsbehörden die Einführung eines "Judenabzeichens": erste derartige Maßnahme im 20. Jahrhundert.
23.11.: Generelle Einführung des "Gelben Sterns" für die Juden im "Generalgouvernement".
Dezember: 87.000 Polen und Juden vom neuen "Reichsgau Wartheland" ins Generalgouvernement deportiert.

1940

Januar: Erste Vergasungen geistig Behinderter "Euthanasie-Programm", "Aktion T4"
12. - 13.2.: Erste Deportationen von Juden aus Wien, Mährisch-Ostrau, Teschen und Stettin ins Generalgouvernement.
27.4.: SS - Reichsführer Heinrich Himmler befiehlt Errichtung eines Konzentrationslagers bei Auschwitz.
Juni – August: Auswärtiges Amt und Reichssicherheitshauptamt arbeiten an einem Plan zur Deportation der europäischen Juden nach Madagaskar (Madagaskarplan)
Oktober: Jüdisches Ghetto in Warschau "geschlossen".
22.10.: 7.500 Juden aus dem Saargebiet, aus Baden und Elsaß-Lothringen ins unbesetzte Frankreich deportiert, dort Festsetzung in Internierungslagern (Gurs).

1941

1.3.: Reichsführer SS Himmler befiehlt Ausbau des Konzentrationslagers Auschwitz zur Aufnahme von rund 100.000 sowjetischen Kriegsgefangenen.
Frühjahr: Für den geplanten Angriff auf die Sowjetunion werden vier "Einsatzgruppen" aufgestellt, die mit der Ermordung der sowjetischen Funktionäre und mit der Ermordung der in Rußland lebenden Juden beauftragt werden.
22.6.: Operation Barbarossa: beginn des deutschen Angriffs auf die Sowjetunion: in den folgenden Monaten systematischer Massenmord an den sowjetischen Juden durch die Einsatzgruppen und andere NS-Formationen; alleine vom 28. bis zum 30.9. werden 33.777 bei Kiew (Babi Jar) erschossen.
31.7.: Göring beauftragt Heydrich mit der "Endlösung der Judenfrage".
Sommer: Himmler weist Kommandanten des KZ Auschwitz an, das Lager auf eine zentrale Rolle bei der von Hitler befohlenen "Endlösung" vorzubereiten; zugleich Befehl Heydrichs an den "Judenreferenten" der Gestapo, Eichmann, die mit der "Endlösung der Judenfrage" in Europa verbundene Deportation der europäischen Juden vorzubereiten; ferner Spezialauftrag Himmlers an den SS- und Polizeiführer in Lublin, Globocnik, zur Ermordung der polnischen Juden (Aktion Reinhard).
1.9.: Juden ab sechs Jahren müssen nun auch im Reichsgebiet den "Gelben Stern" tragen.
3.9.: Erste Probevergasungen mit Zyklon B im KZ Auschwitz; weiteren Experimenten im September und Oktober fallen rund 900 sowjetische Kriegsgefangene zum Opfer.
September – November: Planung, Lokalisierung und Baubeginn der Vernichtungslager Chelmno, Belzec, Majdanek und Auschwitz-Birkenau: Chelmno im Dezember in Betrieb genommen; Belzec im März 1942; Majdanek Anfang 1942, Auschwitz-Birkenau um die Jahreswende 1941/ 42. Für die Aktion Reinhard, der zunächst nur Belzec zur Verfügung steht, werden im Frühjahr 1942 noch die Lager Sobibor und Treblinka gebaut.
14. - 24.10.: Beginn der Massendeportationen der Juden aus dem Reichsgebiet.
23.10.: Jede Auswanderung von Juden aus dem deutschen Machtbereich wird verboten.
30.11.: Rund 10.000 deportierte deutsche und einheimische Juden bei Riga erschossen.

1942

20.1.: Unter der Leitung Heydrichs "Staatssekretärenkonferenz" der an der "Endlösung" zu beteiligenden Reichsressorts und der Verwaltung des Generalgouvernements in Berlin ("Wannsee-Konferenz").
Februar - März: "Evakuierung" der polnischen Ghettos beginnt; laufende Deportationen in die Vernichtungslager.

24.3.: Erste Deportation süddeutscher Juden (Würzburg) ins Vernichtungslager Belzec.
26. - 27.3.: Erste Transporte mit jüdischen Emigranten kommen aus dem besetzten Westeuropa (Drancy / Frankreich) nach Auschwitz.
Mai - Juni: Einführung des "Gelben Sterns" im besetzten Westeuropa.
15.7. - 16.7.: Erste Transporte holländischer Juden gehen von Westerbrok nach Auschwitz.
16. - 18.7.: Französische Polizei nimmt in Paris 13.000 "staatenlose" Juden fest, von denen 9.000, darunter 4.000 Kinder, über Drancy nach Auschwitz verbracht werden.
19.7.: Himmler fordert, dass Polen bis Ende 1942 "judenfrei" sein müsse.
22.7.: Massentransporte aus dem Warschauer Ghetto nach Treblinka, wo in einem einzigen Monat 67.000 Juden sofort nach dem Eintreffen vergast werden.
Juli – September: Massendeportationen aus Westeuropa nach Auschwitz.
August: In den beiden letzten Wochen des Monats werden in Chelmno, Treblinka und Belzec mehr als 200.000 Juden vergast.
Anfang November: Himmler befiehlt, alle Konzentrationslager im Reichsgebiet "judenfrei" zu machen.
25. - 26.11.: Beginn der Deportationen aus Norwegen.

1943

18.1.: Erster organisierter jüdischer Widerstand im Warschauer Ghetto.
27.2.: Jüdische Rüstungsarbeiter aus Berlin nach Auschwitz deportiert.
Anfang März – Juli: Massendeportationen holländischer Juden nach Sobibor.
15.3.: Beginn der Deportation griechischer Juden nach Auschwitz.
7.4.: Ende des Massenmords in Chelmno; Vergasungsanlagen werden von der SS zerstört.
19.4.: Beginn des jüdischen Aufstands im Warschauer Ghetto.
16.5.: SS-Obergruppenführer Stroop meldet Vernichtung des jüdischen Ghettos in Warschau.
11.6.: Himmler befiehlt die Liquidierung sämtlicher polnischen Ghettos.
19.6.: Der Berliner Gauleiter und Reichspropagandaminister Goebbels, erklärt Berlin für "judenfrei".
21.6.: Befehl zur Liquidierung der restlichen Ghettos auf sowjetischem Territorium.
2.8.: Häftlingsaufstand in Treblinka; Zerstörung der Gaskammern.
August – Dezember: Liquidierung der russischen Ghettos; Insassen in Vernichtungslager verbracht.
16. - 23.8.: Deportation von 8.000 Juden aus dem Ghetto Bialystok führt zu Widerstandsaktionen. Liquidierung des Ghettos.
September – Oktober: Rund 7.000 dänische Juden von ihren Mitbürgern der Deportation entzogen und nach Schweden geschmuggelt.
14.10.: Häftlingsaufstand in Sobibor. Ende der dortigen Vergasungen.

19.10.: Abschluss der Aktion Reinhard: zwischen November 1941 und Oktober 1943 sind in den Lagern Belzec, Sobibor und Treblinka etwa 1.750.000 Juden ermordet worden.
Oktober – November: Rund 8.300 Juden aus Norditalien nach Auschwitz deportiert.

1944

März - April: Mehr als 6.000 griechische Juden nach Auschwitz deportiert; 1.500 griechische Juden können in Booten in die Türkei entkommen.
April – Juli: Nachdem deutsche Organe am 19.3. die Regierungskontrolle in Ungarn übernommen haben, werden die ungarischen Juden erst in speziellen Ghettobereichen konzentriert und dann nach Auschwitz deportiert; von den bis Juli deportierten 437.000 werden etwa 280.000 vergast.
Mai – August: Wiederaufnahme von Massenvergasungen in Chelmno zur endgültigen Liquidierung des Ghettos Lodz.
24.7.: Sowjetische Truppen besetzen Majdanek.
7.10.: Revolte des jüdischen Sonderkommandos in Auschwitz.
Ende Oktober / Anfang November Einstellung der Vergasungen in Auschwitz an.

1945

27.1.: Sowjetische Truppen erreichen Auschwitz.
21. - 28.4.: Letzte Vergasungen von meist kranken Häftlingen in Ravensbrück und Mauthausen.
29.4.: Amerikanische Streitkräfte besetzten Dachau.
7. - 9.5.: Bedingungslose Kapitulation Deutschlands.

18. Literaturangaben

(Da diese Sammlung über einen Zeitraum von vielen Jahren entstanden ist, konnte leider die Herkunft einzelner weniger Zitate im Nachhinein nicht mehr festgestellt werden.)

Adorno, Theodor W.: Erziehung nach Auschwitz. In: Stichworte, kritische Modelle, Frankfurt 1969.

Afanasjew, Jerzy: Letzte Auschwitz-Überlebende erinnern an die Todesfabrik. Kölner Stadt-Anzeiger, 25.1.2005.

Alewyn, Richard: „Goethe als Alibi". Hamburger Akademischen Rundschau 3, S. 685-687, 1948/50.

Aly, Götz: Hitlers Volksstaat. Raub, Rassenkrieg und nationaler Sozialismus, Fischer Verlag, Frankfurt 2005.

Anders, Günther: Übertreibungen in Richtung Wahrheit. Stenogramme, Glossen, Aphorismen, C.H. Beck, München 2002.

Arendt, Hannah („Gewonnen wird die Humanität ..."): zit. aus Interview mit Günter Gaus in der ZDF-Reihe „Zu Protokoll", gesendet am 28.10.1964.

Arendt, Hannah („Das Höchste, was man erreichen kann ..."): zit. aus Rede der Sächsischen Staatministerin für Wissenschaft und Kunst, Dr. Eva-Maria Stange, zur Eröffnung des Empfangs der Sächsischen Staatsregierung anlässlich der Jahresmitgliederversammlung der Vereinigung "Gegen Vergessen - Für Demokratie e.V." am 11.11. 2006.

Assmann, Aleida: zit. in Berg, Nicolas: Gedenken in der Zeit. Erinnern nach Auschwitz, Freitag 4, 28.1.2005.

Bauer, Fritz: zit. in Walter, Rudolf: Aktenzeichen 4 Ks 2/63. Freitag 15, 2.4.2004.

Bauer, Yehuda: zit. aus Monatszeitschrift „Radius", Zeitschrift der ev. Akademikerschaft in Deutschland (eingestellt).

Bauernsohn, junger: zit. in Leber, Annedore, Gräfin von Moltke, Freya: Für und Wider. Entscheidungen in Deutschland 1918-1945, Verlag Annedore Leber, Berlin 1967.

Bauman, Zygmunt („Das Projekt der Moderne ...", „Grausamkeit korreliert ..."): Dialektik der Ordnung. Die Moderne und der Holocaust. Europäische Verlagsanstalt, Hamburg 1992.

Bauman, Zygmunt („Die furchtbare Erkenntnis ..."): zit. in Richter, Horst-Eberhard: Eine unwillkommene Entdeckung Freuds. Freitag 21, 26.5.2006.

Behar, Lea: zit. nach Isaac Behar (Sohn) in „Reichspogromnacht". Oberhessische Presse, 8.11.2003.

Benz, Wolfgang: Geschichte der Dritten Reichs. C. H. Beck, München 2000.

Berg, Birgit: in Shury, Hans-Horst (Hrsg.): Das große Handbuch der „Zitate". Von der Antike bis zur Neuzeit, Bertelsmann Verlag, Gütersloh/München 1993.

Besier, Gerhard, Lindemann, Gerhard: Im Namen der Freiheit. Die amerikanische Mission, Vandenhoeck&Ruprecht, Göttingen 2006.

Bonhoeffer, Dietrich: Widerstand und Ergebung. Siebenstern, München 1970.

Bonhoeffer, Emmi: Essay Gespräch Erinnerung. Lukas Verlag, Berlin 2004.

Born, Max: Der Luxus des Gewissens – Erlebnisse und Einsichten im Atomzeitalter. Nymphenburger Verlagshandlung, München 1969.

Cassirer, Ernst: Zur Logik der Kulturwissenschaften. Wissenschaftliche Buchgesellschaft, Darmstadt 1971.

Cohn, Esther: zit. in Ruch, Martin: „Inzwischen sind wir nun besternt worden." Das Tagebuch der Esther Cohn und die Kinder vom Münchner Antonienheim, Verlag Norderstedt, 2006.

Coudenhove-Kalergie, Richard Graf: zit. in Ben-Chorin, Schalom: Jüdische Existenz heute. Drei Essays zum jüdisch-christlichen Dialog, Paulinus Verlag, Trier 1967.

Deeg, Sophia: zit. in Traverso, Enzo: Moderne und Gewalt – eine europäische Genealogie des Nazi-Terrors, Neuer ISP Verlag, Karlsruhe 2003.

Dennewitz, Eckehard: ehem. Intendant des Marburger Schauspiels, persönlich autorisiertes Zitat.

Dibelius, Otto („Es werden unter uns ...", „Der Boykott gegen die Juden ..."): zit. in Beuys, Barbara: Und wenn die Welt voll Teufel wär. Verlag Rowohlt, Reinbek 1982.

Dibelius, Otto („ Sie fühlt mehr, als sie es sieht ..."): Die evangelische Erziehungsschule. Ideal und Praxis, Hamburg 1920, zit. in Biehl, Peter, Nipkow, Karl Ernst: Bildung und Bildungspolitik in theologischer Perspektive, LIT Verlag, Münster 2003.

Diner, Dan: Zivilisationsbruch. Denken nach Auschwitz, Fischer Verlag, Frankfurt 1988.

Direktor, der: zit. in Giacomozzi, Carla, Paleari, Giuseppe: Was ein Lager ist. Vergangenheitsbewältigung im Klassenzimmer, Buch und Video, Bozen 2004.

Ebner-Eschenbach, Marie von: Aphorismen. Insel-Verlag, Leipzig 1939.

Ehrlich, Ernst Ludwig: Der Umgang mit der Erinnerung. In Erler, Hans (Hrsg.): Erinnern und Verstehen. Der Völkermord an den Juden im politischen Gedächtnis der Deutschen, Campus Verlag, Frankfurt/New York 2003.

Einhorn, Dowid: zit. in Witt, Hubert (Hrsg.): Der Fiedler vom Getto. Jiddische Gedichte aus Polen, Reclam Bd. 1483, Leipzig 1993.

Eisenberg, Götz: Was ist das, was in uns lügt, mordet und stiehlt? Verbrechen zu Kunst machen, Freitag 38, 10.9.2004.

Erler, Hans, Ehrlich, Ernst Ludwig, Ludger, Heid, (Hrsg.): "Meinetwegen ist die Welt erschaffen". Das intellektuelle Vermächtnis des deutschsprachigen Judentums, Campus Verlag, Frankfurt/New York 1997.

Facing History and Ourselves Foundation (Ed.): Facing History and Ourselves. Holocaust and Human Behavior, Brookline/Mass. 1995.

Filbinger, Hans: zit. in Walter, Rudolf: Aktenzeichen 4Ks 2/63. Freitag 15, 2.4.2004.

Finkelstein, Alain: zit. in Heinrichs, Hans-Jürgen: Das Trauma der Vertreibung 2. Teil, Deutschlandfunk: Essay und Diskurs, 1.10.2006.

Freire, Paulo: Pädagogik der Unterdrückten. Bildung als Praxis der Freiheit, Rowohlt Taschenbuch, Reinbek 2002.

Fried, Erich („Gründe", „Wie oft muss ich sterben dafür ..."): Gesammelte Gedichte, Wagenbach, Berlin 1989.

Fried, Erich („Denn ich kann nicht denken …"): Um Klarheit. Gedichte gegen das Vergessen, Wagenbach, Berlin 1997.

Friedländer, Albert: Dimensionen des Widerstandes. Vortrag am 19. Juli 1984 im Otto-Braun-Saal der Staatsbibliothek Preußischer Kulturbesitz, Berlin.

General, Regina: Selektives Gedächtnis. Freitag 37, 5.9.2003.

Giesen, Bernhard: Das Tätertrauma der Deutschen. Marburger Forum, Beiträge zur geistigen Situation der Gegenwart, Jg. 7, Heft 4, 2006.

Gingold, Peter: Auszug aus der Rede „Für uns eine Jungfrau im Frühlingsgewand, für die Deutschen eine trauernde Witwe im schwarzen Kleid", gehalten anlässlich des „Friedenspolitischen Ratschlags 2004 in Kassel" zum kommenden 60. Jahrestag der Befreiung von Krieg und Faschismus, http://www.uni-kassel.de/fb5/frieden/

Ginzel, Günter B.: „Ein Lächeln, so überraschend weich ...". Gedankensplitter eigener Erfahrungen. In Erler, Hans (Hrsg.): Erinnern und Verstehen. Der Völkermord an den Juden im politischen Gedächtnis der Deutschen, Campus Verlag, Frankfurt/New York 2003.

Giordano, Ralph: 'Die zweite Schuld' oder 'Von der Last Deutscher zu sein', Rasch und Röhring, Hamburg 1987.

Goethe, Johann W.: Dichtung und Wahrheit. Klaus-Detlef Müller (Hrsg), Deutscher Klassiker Verlag im Taschenbuch, Frankfurt 2007.

Goldhagen, Daniel: Hitlers willige Vollstrecker. Ganz gewöhnliche Deutsche und der Holocaust, Siedler, Berlin 1996.

Gollwitzer, Helmut: zit. in Löwenthal, Richard, von zur Mühlen, Patrik (Hrsg.): Widerstand und Verweigerung in Deutschland 1933 bis 1945, Beltz Verlag, Berlin 1982.

Greffrath, Mathias: Patriotismus - mehr als ein Gefühl, Deutschlandfunk: Essay und Diskurs, 3.10.2006.

Grillparzer, Franz: zit. in Glaser, Hermann et al.: Wege der deutschen Literatur. Eine geschichtliche Darstellung, S. 222, Ullstein-Verlag, Frankfurt 1980.

Gruen, Arno: Der Fremde in uns, S. 45, Klett-Cotta Verlag, Stuttgart 2001.

Gryn, Hugo Rabbiner: zit. in Friedländer, Albert: Dimensionen des Widerstandes. Vortrag am 19. Juli 1984 im Otto-Braun-Saal der Staatsbibliothek Preußischer Kulturbesitz, Berlin.

Häftling in Auschwitz: zit. in Kursbuch Religion 9/10, Arbeitsbuch für den Religionsunterricht, Lehrerhandbuch, Calwer Verlag, Stuttgart 2000.

Haffner, Sebastian: Preußen ohne Legende, Siedler Verlag, Hamburg 1978.

Hamm-Brücher, Hildegard: zit. in Huhnke, Brigitta, Krondorfer, Björn (Hrsg.): Das Vermächtnis annehmen. Kulturelle und biographische Zugänge zum Holocaust, Psychosozial Verlag, Gießen 2002.

Haubach, Theodor: zit. in Friedländer, Albert: Dimensionen des Widerstandes. Vortrag am 19. Juli 1984 im Otto-Braun-Saal der Staatsbibliothek Preußischer Kulturbesitz, Berlin.

Hauswart aus Berlin: zit. in Benz, Wolfgang (Hrsg.): Überleben im Dritten Reich. Juden im Untergrund und ihre Helfer, C. H. Beck, München 2003.

Heine, Heinrich („Die deutsche Revolution …"): Zur Geschichte der Religion und Philosophie in Deutschland. Jürgen Ferner (Hrsg.), Reclam Philipp Jun., Stuttgart 1997.

Heine, Heinrich („Der Patriotismus der Deutschen …"): Die romantische Schule, Reclam, Stuttgart 2002.

Heitmeyer; Wilhelm u.a.: Was wir unter Menschenfeindlichkeit verstehen. Frankfurter Rundschau, 5.11.2002.

Helmrich. Ehepaar: zit. in Benz, Wolfgang (Hrsg.): Überleben im Dritten Reich. Juden im Untergrund und ihre Helfer, C. H. Beck, München 2003.

Hentig, Hartmut von: Die Schule neu denken. Eine Übung in praktischer Vernunft, Beltz Taschenbuch, München/Wien 1993.

Hermann, Lore: zit. in Kursbuch Religion 9/10, Arbeitsbuch für den Religionsunterricht, Lehrerhandbuch, Calwer Verlag, Stuttgart 2000.

Herzog, Roman: Auszug aus der Broschüre „Erinnern und bleibende Verantwortung" des Presse- und Informationsamtes der Bundesregierung 1995.

Hitler, Adolf („Wenn ich einmal wirklich ...“): zit. in Hell, Josef: „Aufzeichnungen“, 1922, Institut für Zeitgeschichte, S. 5., ZS 640, http://www.nizkor.org/hweb/people/h/hitler-adolf/hitler-1922.html

Hitler, Adolf („Wir stehen vor ...“, „Es mag hier ...“): zit. in Safranski, Rüdiger: Romantik. Eine deutsche Affäre, Carl Hanser Verlag, München 2007.

Holocaust, Überlebende: zit. in Christliche Freunde Israels, http://www.cfri.de/holocaust.html

Jarausch, Konrad H., Geyer, Michael: Zerbrochener Spiegel. Deutsche Geschichten im 20. Jahrhundert, Deutsche Verlags-Anstalt, München 2005.

Jonas, Hans: Wandel und Bestand. Vom Grunde der Verstehbarkeit des Geschichtlichen. In Klostermann, Vittorio (Hrsg.): Durchblicke. Martin Heidegger zum 80. Geburtstag, Verlag Vittorio Klostermann, Frankfurt/Main 1970.

Jünger, Ernst: In Stahlgewittern. Sämtliche Werke Band 1, Verlag Ernst Klett, Stuttgart 1978.

Kästner, Erich: Das große Erich Kästner Lesebuch. Herausgeber: Sylvia List, Deutscher Taschenbuch Verlag, München 1975.

Katzenelson, Jizchak: Das Lied vom letzten Juden. In der Nachdichtung von Hermann Adler. Mit einem Vorwort von Manfred Richter (Hrsg.), Berliner Edition Hentrich, Berlin 1992.

Kertész, Imre: zit. in Doerry, Martin: Nirgendwo und überall zu Haus. Gespräche mit Überlebenden des Holocaust, DVA, München 2006.

Klausa, Ekkehard: Ganz normale Deutsche. Das Judenbild des konservativen Widerstandes. In Tuchel, Johannes (Hrsg.): Der vergessene Widerstand. Zur Realgeschichte und Wahrnehmung des Kampfes gegen die NS-Diktatur, Wallstein Verlag, Göttingen 2005.

Kosmala, Beate: Verbotene Hilfe. Rettung für Juden in Deutschland 1941 – 1945, Vortrag, gehalten auf einer Veranstaltung der Friedrich-Ebert-Stiftung in Verbindung mit dem Verein „Gegen Vergessen – Für Demokratie“ am 28. September 2004 in Bonn.

Krahulec, Peter: Forschung, gesellschaftliche Praxis und politische Bildung: Anforderungen und Impulse für pädagogisches Handeln. In Meyer, Gerd et al. (Hrsg.): Zivilcourage lernen. Analysen-Modelle-Arbeitshilfen, Bundeszentrale für politische Bildung, aprinta druck, Wemding 2004.

Kretschmer, Karl: zit. in Klee, Ernst, Dressen, Willi, Rieß, Volker (Hrsg.): „Schöne Zeiten“. Judenmord aus der Sicht der Täter und Gaffer, S. Fischer Verlag GmbH, Frankfurt 1988.

Krockow, Christian Graf von („War in der Scheidung ...“): Einspruch gegen den Zeitgeist. List Taschenbuch, München 2003.

Krockow, Christian Graf von („Ein Rückblick auf Luther …“, „Es handelt sich hier um …“): Porträts berühmter deutscher Männer. List Taschenbuch, München 2004.

Kuppler, Annette: Auszug aus Internetseite (www.dir-info.de) des Infozentrums für Rassismusforschung, Postfach 1247, 35002 Marburg.

Kuschel, Karl-Josef: Im Spiegel der Dichter. Mensch, Gott und Jesus in der Literatur des 20. Jahrhunderts, Patmos Verlag, Düsseldorf 2000.

Lafontaine, Oskar („Pflichtgefühl, Berechenbarkeit, …“): In einer Diskussion um den NATO-Doppelbeschluss. Zeitschrift Stern, 15.7.1982.

Lafontaine, Oskar („Die Sprache formt die Gedanken …“): Die Wut wächst. Politik braucht Prinzipien, Econ Verlag, München 2002.

Landau, Gize: zit. in Kursbuch Religion 9/10, Arbeitsbuch für den Religionsunterricht, Lehrerhandbuch, Calwer Verlag, Stuttgart 2000.

Landmann, Salcia: Die Juden als Rasse. Walter-Verlag, Freiburg 1967.

Lapide, Pinchas: zit. in Bonhoeffer, Emmi: Essay Gespräch Erinnerung. Lukas Verlag, Berlin 2004.

Leber, Julius: zit. in Leber, Annedore, Gräfin von Moltke, Freya: Für und Wider. Entscheidungen in Deutschland 1918-1945, Verlag Annedore Leber, Berlin 1967.

Lec, Stanislaw Jerzy: Sämtliche frisierten Gedanken. Sanssouci, Zürich 1996.

Lepenies, Wolf: Kultur und Politik. Deutsche Geschichten, Büchergilde Gutenberg, Frankfurt 2007.

Lifton, Robert Jay: Ärzte im Dritten Reich. Klett-Cotta Verlag, Stuttgart 1985.

Löb, Mosche Rabbi von Sasow: zit. in Buber, Martin: Erzählungen des Chassidim. Manesse, Zürich 1949.

Lown, Bernard: Die verlorene Kunst des Heilens. Schattauer, Stuttgart 2002.

Ludwig, Volker: Die Stufen knarren noch. Aus der Laudatio zur Verleihung der Luise Schroeder-Medaille der Stadt Berlin an die Schriftstellerin und Journalistin Inge Deutschkron, gehalten am 17.4.2008, Freitag 18, 2.5.2008.

Luther, Martin: Von den Juden und ihren Lügen. In: Die evangelische Kirche und der Holocaust. http://www.theologe.de/theologe4.htm

Maciejewski, Frank: Der Raum, in dem man töten kann. Freitag 45, 9.11.2007.

Mackie, John L.: Cooperation, Competition and Moral Philosophy. In: A. M. Colman (ed.), Cooperation and Competition in Humans and Animals, S. 282, Wokingham 1982.

Magnani, Franca: zit. in Frohloff, Stefan: Gesicht zeigen. Handbuch für Zivilcourage, Patmos Verlag, Düsseldorf 2001.

Mandelbaum, Henryk: zit. in Lesser, Gabriele: Zeuge lebenslang. taz, 25.01.2005.

Mandelstam, Nadeschda: Das Jahrhundert der Wölfe. S. Fischer Verlag GmbH, Frankfurt 1973.

Mann, Thomas: zit. in Lepenies, Wolf: Kultur und Politik. Deutsche Geschichten, Büchergilde Gutenberg, Frankfurt 2007.

Markl, Hubert: Blick zurück, Blick voraus. In: Forschung an den Grenzen des Wissens. 50 Jahre Max-Planck-Gesellschaft 1948-1998, Göttingen 1998.

Meiser Hans: Auszug aus einem 1926 verfassten Gutachten: „Die Evangelischen Gemeinden und die Judenfrage", zit. in Röhm, Eberhard, Thierfelder, Jörg: Juden-Christen-Deutsche; Bd.1, S. 350-362, Calwer Verlag GmbH, Stuttgart 1990.

Milgram, Stanley: Das Milgram-Experiment. Zur Gehorsamsbereitschaft gegenüber Autoritäten, Rowohlt, Reinbek 1993.

Mitscherlich, Alexander: zit. in Ostermann, Änne, Nicklas, Horst: Vorurteile und Feindbilder, Verlag Urban u. Schwarzenberg, München 1976.

Moltke, Helmuth James Graf von: zit. in Leber, Annedore, Gräfin von Moltke, Freya: Für und Wider. Entscheidungen in Deutschland 1918-1945, Verlag Annedore Leber, Berlin 1967.

Niebuhr, Reinhold: Die Kinder des Lichts und die Kinder der Finsternis, Kaiser Verlag, München 1947.

Nietzsche, Friedrich: Sämtliche Werke, Band 5, S.85/86, zit. in Stern, Fritz: Das feine Schweigen. Historische Essays, C. H. Beck, München 1999.

Nooteboom, Cees: zit. in Kölsch, Julia: Erinnerung ist ein Hund, der sich (nicht) hinlegt, wo er will. Gegenwärtige Vergangenheit, Politik und Gedächtnis. In Erler, Hans (Hrsg.): Erinnern und Verstehen. Der Völkermord an den Juden im politischen Gedächtnis der Deutschen, Campus Verlag, Frankfurt/New York 2003.

Osterrieder, Markus: Die mitteleuropäische Völkerfrage im 19. Jahrhundert. In: Die Drei, Jhg. 70, Nr. 9, S. 37-50, 2000.

Oz, Amos: Auszug aus der Rede anlässlich der Verleihung des Friedenspreises des Deutschen Buchhandels 1992, zit. in Lafontaine, Oskar: Die Wut wächst. Politik braucht Prinzipien, Econ Verlag, München 2002.

Paepcke, Lotte: Unter einem fremden Stern. Geschichte einer deutschen Jüdin, Verlag Herder Spektrum, Freiburg 2004.

Pascal, Blaise: zit. in Armogathe, Jean-Robert (Hrsg.): Gedanken über die Religion und einige andere Themen. Aus dem Französischen übersetzt von Ulrich Kunzmann, Reclam, Stuttgart 1997.

Pisar, Samuel: Das Blut der Hoffnung. Rowohlt, Reinbek 1983.

Plagge, Karl: zit. in ZDF History vom 29.07.2007, 00:05 - 00:50 Uhr, http://history.zdf.de

Pfürtner, Maria: zit. in Benz, Wolfgang (Hrsg.): Überleben im Dritten Reich. Juden im Untergrund und ihre Helfer, C. H. Beck, München 2003.

Prantl, Heribert: Die Flucht vor der Geschichte. Süddeutsche Zeitung, 7./8.5.2005.

Rau, Johannes: zit. aus http://www.segne-israel.de/dokumente/2000rau.htm

Reichenau, Generalfeldmarschall Walter von: zit. in Timm, Uwe: Am Beispiel meines Bruders. Deutscher Taschenbuch Verlag, München 2005.

Richter, Horst-Eberhard: Wanderer zwischen den Fronten. Gedanken und Erinnerungen, Verlag Kiepenheuer & Witsch, Köln 2000.

Ricœur, Paul: Gedächtnis, Geschichte, Vergessen. Wilhelm Fink Verlag, München 2004.

Riedl, Rupert: Verlaufsformen der Evolution – Zum Verständnis unserer Zivilisation. In Liedke, M. (Hrsg.): Kulturtheologische Aspekte der Technikentwicklung, Graz 1996.

Rivasol, Graf Antoine de: zit. in Ziegler, Jean: Die neuen Herrscher der Welt und ihre globalen Widersacher. C. Bertelsmann, München 2002.

Rochow, Gustav Adolf Rochus von: zit. in Krockow, Christian Graf von: Porträts berühmter deutscher Männer. List Taschenbuch, München 2004.

Sachs, Nelly: zit. in Kapellari, Egon: Aber Bleibendes stiften die Dichter: Gedanken für den Tag, Verlag Styria, Graz/Wien/Köln 2001.

Safranski, Rüdiger („Wahrscheinlich werden wir …"): Destruktion und Lust. Über die Wiederkehr des Bösen. In Schwilk, H., Schacht, U.(Hrsg.): Die selbstbewusste Nation. „Anschwellender Bocksgesang" und weitere Beiträge zu einer deutschen Debatte, Ullstein, Frankfurt/Berlin 1994.

Safranski, Rüdiger („Normalerweise trennt der Wahn …"): Romantik. Eine deutsche Affäre, Carl Hanser Verlag, München 2007.

Scholl, Sophie: zit. in Leber, Annedore, Gräfin von Moltke, Freya: Für und Wider. Entscheidungen in Deutschland 1918-1945, Verlag Annedore Leber, Berlin 1967.

Schwan, Gesine: „Religion, Freiheit und Gewalt". Vortrag Europäischer Theologenkongress 2005, Berlin, 18.9.2005.

Seibt, Gustav: Deutsche, Juden, Israel. Süddeutsche Zeitung Nr. 29, 5./6.2.2005.

Senesh, Hannah (ungarische Jüdin): zit. in Fogelman, Eva: „Wir waren keine Helden". Lebensretter im Angesicht des Holocaust. Motive, Geschichten, Hintergründe, DTV, München 1998.

Sölle, Dorothee: Leiden. Kreuz Verlag, Stuttgart 1973.

Sperber, Manès: zit. in Wiehn, Erhard Roy: Erinnern für die Zukunft. In Erler, Hans (Hrsg.): Erinnern und Verstehen. Der Völkermord an den Juden im politischen Gedächtnis der Deutschen, Campus Verlag, Frankfurt/New York 2003.

Steiner, George: Sprache und Schweigen. Essays über Sprache, Literatur und das Unmenschliche, Suhrkamp, Frankfurt 1969.

Stern, Fritz: Das feine Schweigen. Historische Essays, C.H. Beck, München 1999.

Stuttgarter Evangelisches Sonntagsblatt: zit. in Röhm, Eberhard, Thierfelder, Jörg: Juden-Christen-Deutsche; Bd.1, S. 377-379, Stuttgart 1990.

Szipiorski, Andrzej: zit. in Heinrichs, Hans-Jürgen: Das Trauma der Vertreibung 2. Teil, Deutschlandfunk 9.30 Uhr, 1.10.2006.

Thierse, Wolfgang: zit. in Rede der Sächsischen Staatministerin für Wissenschaft und Kunst, Dr. Eva-Maria Stange, zur Eröffnung des Empfangs der Sächsischen Staatsregierung anlässlich der Jahresmitgliederversammlung der Vereinigung "Gegen Vergessen - Für Demokratie e.V." am 11.11.2006.

Timm, Karl-Heinz: zit. in Timm, Uwe: Am Beispiel meines Bruders. DTV, München 2005.

Timm, Uwe: Am Beispiel meines Bruders. DTV, München 2005.

Tolstoj, Lew Graf: in Shury, Hans-Horst (Hrsg.): Das große Handbuch der „Zitate“. Von der Antike bis zur Neuzeit, Bertelsmann Verlag, Gütersloh/München 1993.

Treitschke, Heinrich von: Deutsche Geschichte im 19. Jahrhundert, 5 Bände, Verlag S. Hirzel, Leipzig 1927.

Tuchel, Johannes (Hrsg.): Der vergessene Widerstand. Zur Realgeschichte und Wahrnehmung des Kampfes gegen die NS-Diktatur, Wallstein Verlag, Göttingen 2005.

Tucholsky, Kurt (Nichts ist schwerer ...“): in Shury, Hans-Horst (Hrsg.): Das große Handbuch der „Zitate“. Von der Antike bis zur Neuzeit, Bertelsmann Verlag, Gütersloh/München 1993.

Tucholsky, Kurt („Das Vaterland ...“): 1927 in der ´Weltbühne` geschrieben. Zit. in Krockow, Christian Graf von: Einspruch gegen den Zeitgeist. List Taschenbuch, München 2003.

Ulrich, Bernd: Nie wieder. Immer wieder, Die Zeit Nr. 5, 27.1.2005.

Valéry, Paul: zit. in Sloterdijk, Peter: Falls Europa erwacht. Suhrkamp Taschenbuch, Frankfurt 2001.

Van Roon, Ger: Widerstand im Dritten Reich. C. H. Beck, München 1979.

Walther Rudolf: Notfalls gegen das Gesetz. Freitag 5, 2.2.2007.

Weizsäcker, Richard von: Gedanken und Zitate. Verlag Leib und Seele, Zürich 1994.

Weizsäcker, Viktor von: zit. in Richter, Horst-Eberhard: Wanderer zwischen den Fronten. Gedanken und Erinnerungen, Kiepenheuer & Witsch, Köln 2000.

Welzer, Harald („Entgegen landläufigen Vorstellungen …“): Gedächtnis ohne Erinnerung? Das Problem der Deutschen mit ihrer Geschichte, in Gedenkstätten-Rundbrief 97, S. 344, 10/2001.

Welzer, Harald („Allzu lang hat …“, „Die NS-Zeit liefert …“): Warum Menschen sich für die Unmenschlichkeit entscheiden. Deutschlandfunk: Essay und Diskurs, 28.1.2007.

Wiehn, Erhard Roy: Zur unsichtbaren Grenze zwischen Juden und Nichtjuden. In Erler, Hans (Hrsg.): Erinnern und Verstehen. Der Völkermord an den Juden im politischen Gedächtnis der Deutschen, Campus Verlag, Frankfurt/New York 2003.

Wiesel, Elie („Die SS erhängte ...“): zit. in Sölle, Dorothee: Leiden. Kreuz Verlag, Stuttgart 1973.

Wiesel, Elie („Letztlich werde ich niemals aufhören …“): Alle Flüsse fließen ins Meer. Autobiographie, Hoffmann & Campe, Hamburg 1995.

Wiesel, Elie („Man kann es nicht erzählen ...“): Rede der Bundesministerin Dr. Christine Bergmann anlässlich der Gedenkfeier zur Befreiung des KZ Ravensbrück am 29.04.2001 in Ravensbrück.

Wirmer, Josef: zit. in Leber, Annedore, Gräfin von Moltke, Freya: Für und Wider. Entscheidungen in Deutschland 1918-1945, Verlag Annedore Leber, Berlin 1967.

Wolf, Christa: Kassandra. Luchterhand Verlag, Darmstadt und Neuwied 1983.

Wundt, Max: Vom Geist unserer Zeit. Verlag Lehmann, München 1920.

Zeittafel der nationalsozialistischen Judenverfolgung: http://www.zeitzeugengeschichte.de/zeitstrahl.php

Zimmermann, Moshe: Goliaths Falle. Israelis und Palästinenser im Würgegriff, Aufbau Taschenbuch Verlag, Berlin 2004.

Zuckermann, Moshe: israelischer Soziologe und Politologe, leitete von 2000 bis 2005 das Institut für Deutsche Geschichte an der Universität Tel Aviv, Israel, persönlich autorisiertes Zitat.

Konrad Görg, Dr. med., geb. 1953 in Simmern/Hunsrück, Arzt für Innere Medizin am Universitätsklinikum Marburg, Abteilung Hämatologie/Onkologie, seit 1999 Posaunist des Blechbläserquintetts „Marburg Brass".
Er lebt mit Frau und zwei Kindern in Marburg.

Bisherige Veröffentlichungen:
1. Universitätskliniken: Wandel um jeden Preis? – Klinikärzte im Spannungsfeld zwischen Ökonomie, Technik und Menschlichkeit, Deutsches Ärzteblatt 18, Köln 2001.
2. Eine andere Welt ist möglich. Politische und philosophische Zitate - Gedanken über den Tag hinaus, Verlag Die Blaue Eule, Essen 2004.